Jewish-Cl
Dialogue:

The Example of Gilbert Crispin

Translation of the original Latin manuscript
with extensive annotations by a modern Jewish reader.

Ole J. Thienhaus

PublishAmerica
Baltimore

First printing

ISBN: 1-4241-0740-7
PUBLISHED BY PUBLISHAMERICA, LLLP
www.publishamerica.com
Baltimore

Printed in the United States of America

Reason and Torah are two lights in the heaven of life.

—Profiat Duran (from Kobler F: *Letters of Jews through the Ages from Biblical Times to the Middle of the Eighteenth Century*. London, Ararat and East & West Library, 1953. Vol 1, p.276)

Table of Contents

Abbreviations

BCE	Before the Common Era (=B.C.)
CE	Common Era (=A.D.)
TB	Talmud Bavli (Babylonian Talmud)
cf.	Compare
JPS	Jewish Publication Society
Tanakh	Torah and Nevi'im and Khetuvim, i.e. the Hebrew Bible
LXX	The Septuagint
loc. cit.	loco citato i.e. in the (previously) cited location

Biblical Books

Dan.	Daniel
Dt.	Deuteronomy
Ex.	Exodus
Ez.	Ezekiel
Gn.	Genesis
Hab.	Habakkuk
Hos.	Hosea
Is.	Isaiah
Jer.	Jeremiah
Jos.	Joshua
Ki.	Kings
Lv.	Leviticus
Mic.	Micah
Prov.	Proverbs
Ps.	Psalms

Introduction

Do Christians and Jews talk to each other? About each other? Are there misconceptions? Here are a few suggestive samplings from media sources in wide circulation:

> George W.'s citation of Christ as political philosopher stirring debate over worldview of GOP front-runner. Rabbi Saperstein hopes politicians take seriously the values of Jesus. Foxman demurs: "It makes me uncomfortable."
>
> —Adam Brodsky. *Forward.* December 17, 1999

> The Rev. Jerry Falwell said the Antichrist is probably alive today and is a male Jew. "Is he alive and here today? Probably. Because when he appears during the Tribulation period he will be a full-grown counterfeit of Christ. Of course he'll be Jewish. Of course he'll pretend to be Christ. And if in fact the Lord is coming soon, and he'll be an adult at the presentation of himself, he must be alive somewhere today.'‘
>
> —Sonja Barisic. Associated Press. January 16, 1999

> [A]bout 674,000 [hits] for *jewish christian dialogue*
>
> —Google, 2005

> [T]he fact is that the overwhelming majority of *First Things*' readers and contributors are Christians. Nevertheless, *First Things* is deeply committed to Jewish-Christian dialogue in the most serious and far-reaching way.
>
> —David Novak: *First Things* 85 (August/September 1998): 8-16.

The questions that come up in today's Jewish-Christian dialogue are, for the most part, not new. Many of them have been debated for centuries. In this instance, a particular disputation shall be highlighted. Its relevance is hoped to become evident from the following introductory remarks and, even more forcefully, from the text itself.

Gilbert Crispin lived from 1046 to 1117. He was Abbot of the Westminster monastery from 1085 until his death. He left behind a number of theological treatises. The most famous piece of writing by him is the Disputation of a Jew and a Christian which survives in thirty-two manuscripts. The disputation differs from others, both earlier and later, by its more conciliatory tone and the greater representation of the Jewish side of the argument.

Although Gilbert leaves his Jewish partner anonymous, the prevailing opinion is that the dialogue represents an actual event (Abulafia AS, Evans GR [eds.]: *The Works of Gilbert Crispin*. London, Oxford University Press, 1986: p. xxiv). It is thought that it was written down in the first half of the 1090s: Gilbert did not become Abbot at Westminster until 1085, so it must have been composed after that year (*terminus post quem*). And because there is no reference to the First Crusade, which began in 1096 (*Encyclopaedia Judaica. Jerusalem*, Keter Publishing House, 1973: Entry "Disputations"), it is unlikely that it was written later than 1095 (*terminus ante quem*).

Disputations between Christian apologists and Jews were rather frequent throughout the ages. The oldest recorded one, and one of the most famous, is the Dialogue between Justin Martyr and Trypho, dated some time in the first half of the second century CE (Slusser M [ed.]: *St. Justin Martyr Dialogue with Trypho*. Washington, DC, The Catholic University of America Press, 2003). That discussion occurred before canonization of the New Testament and close to the time of Emperor Hadrian's devastating suppression of the Bar Kokhbar revolt in Judea. Jerusalem was razed and renamed, Jews were no longer allowed to live in the city. At this time both the growing early Christian Church and incipient Rabbinic Judaism constituted unrecognized minority religions in the dominant pagan culture of the Roman Empire. Even though Justin, too, attempts to introduce a notion of respect and courtesy, the document reads today more as a harangue against contemporary Judaism by a recently converted heathen. In fact, the occasional arguments by Trypho barely interrupt the Christian's monologue.

The later disputations often featured Jewish apostates, who argued the case in front of Christian notables, who held power in the lands. The best known of these is the disputation in Barcelona, where Nachmanides spoke for Judaism. The mise-en-scène of these later events tended to favor the Christian protagonist as the representative of the prevailing state religion. In general terms, there is always a certain asymmetry in these discussions—even in the more amicable disputation recorded by Gilbert Crispin—because the Christian side inevitably has a subtext of missionary intent. The Christian protagonist does not simply want to win a debate, but hopes to win over souls. One feature of the asymmetry is the uneven amount of argumentation represented: Gilbert's speeches outweigh the Jew's by a factor of 5 to 1.

It is likely that there will be some form of Jewish-Christian dialogue as long as there are Jews and Christians. This is not only due to the missionary element built into Christianity and its particular zeal to convert Jews before any other non-Christians. It is also a consequence of both religious traditions basing their authority on shared texts, namely the collections of writings called Tanakh by Jews and Old Testament by Christians. Jews generally disagree with Christian exegesis of the Hebrew Bible in many areas, and the Dialogue between Gilbert and his Jewish friend provides an ample range of examples of such disagreement. By and large, Jews take exception, first, to the allegorical interpretation (at the expense of attention to the plain meaning of the text) that is the hallmark of Christian understanding of the Tanakh. Further, the Christian tendency to concatenate citations from various books of the Bible and quote them without reference to the context in which the original citations occur strikes Jews often as disingenuous. Finally, the Christian Old Testament goes back to the Greek translation of the Torah, prophetic books and writings, i.e. the Septuagint (LXX), while Jewish tradition builds on the Masoretic text of the Hebrew Bible. The Vulgate, which serves Gilbert as the authoritative text, is a Latin translation of the Septuagint although its redactor, Jerome, also consulted the Hebrew Bible in putting together his work. The discrepancies between Masora, LXX and Vulgate are occasionally the basis of bones of contention between the two protagonists.

1. Allegorical exegesis

The distinction between literal and allegorical interpretation is not always clearly observed. Starting with the plain meaning of the written word, the exegete will try to exploit the semantic territory of a given term or phrase fully and may imperceptibly drift into reading a derivative meaning into a text. Where Christian approaches to biblical texts differ from those of traditional Jewish scholars is first in their a priori dismissal of the literal formulation because "it makes no sense" or because "it's in conflict with" another passage. In these cases, the Sages of Jewish tradition tried to reconcile the text on its own merits or, if that failed, accepted their failure as a manifestation of the limits of human understanding. In fact, the Babylonian Talmud lays down the rule that the literal sense must not be completely changed by interpretations (TB:Yeb. 24a; cf. Tosefta Yom-Tob with Yeb. ii. 8). Christian exegetes, by contrast, would do what Gilbert offers in the Dialogue: Dismiss the plain meaning of the text, read puzzling terms as symbols or stand-ins for something else, and substitute an allegorical intent.

Secondly, Christian exegesis of Hebrew Bible texts presupposes the messiahship of Jesus of Nazareth as an axiomatic truth. Any statement, any word that can be connected to an element in the New Testament will be readily explained as being an allusion to the Christian message. Verbatim or approximate citations from the Hebrew Bible in its Greek translation abound throughout the New Testament. Some of the Gospel writers add details of Jesus' career that are consistent with prophecies about the arrival of the messianic age. In these instances, substantiating a connection is rather self-evident. In other instances, the exegetical connection is more forced. For instance, in §13 of the Continuation, Gilbert takes the occurrence of the word עץ (tree or wood) as a metaphor for the cross or tree on which Jesus was executed.

2. Quoting out of context

Even a superficial glance through the manuscript will show the reader a plethora of biblical citations. A second look will reveal that rarely do these citations comprise more than a single biblical verse. Often, a prophetic quotation, usually a sentence or less, is complemented by a verse from one of the Psalms, and sometimes the proof-text is rounded out by a pericope from the New Testament. For none of the citations is any attention paid to the surrounding material.

One of the most widely quoted prophetic passages in support of Jesus as the predicted Messiah is the fourth Servant Song in the 53rd chapter of Isaiah. Gilbert also uses this passage, which, in fact, is one of the few exceptions to the rule of using only isolated verses. But even though it is introduced as a more extended proof-text, the fourth Servant Song still is an illustrative example for omission of context. From the beginning of the first Servant Song in Is. 41, it is rather obvious that these poetic verses are spoken by the Prophet, serving, as it were, as *vox Dei*, to foreign (gentile) potentates about Israel. Placing the fourth Servant Song in the context of the three earlier songs, and allowing it to begin where it actually does, i.e. in Is. 52, the illusion that it speaks about a future messiah dissipates quickly.

3. Variant translations

The best-known example of a mistranslation is the rendering of Hebrew עלמה (almah, i.e. "young woman") as "virgin." The intermediate steps are the Greek πάρθενος (parthenos) and the Latin virgo. The translational mutation of a "young woman" into a virgin provided the sole biblical support for the dogma of the virgin birth of Jesus and, later, the immaculate conception of the Virgin Mary herself. The reading as "virgin" has, consequently, been staunchly defended by Christian apologists as authoritative until fairly recently.

The fact is that Christians rarely read the Hebrew Scriptures or their own New Testament in the original Hebrew or Greek respectively. Even those in the Christian community who interpret the Bible, such as priests, preachers, pastors, ministers, are usually content to do so based on translations into the vernacular. One explanation for the cavalier attitude toward the original text is the preference for allegorical exegesis. The literal meaning is of less interest, and consequently, the research into the grammatical and semantic nuances of a biblical passage is omitted in favor of a more extensive purview of symbolism, allegory and implied meaning.

A disputation between proponents of different religious traditions does not result in a "win" for one side and a defeat for the other unless there is an imposed arbiter. Certainly, the Dialogue between Gilbert Crispin and his Jewish friend does not produce winners and losers. The fact that there is a bedrock of primary faith involved limits the potency of logic. The value of a disputation of this kind derives from its potential to highlight differences. Appreciation of different beliefs and an understanding of the traditions upon which such beliefs are founded is a precondition for mutual respect. Mutual respect is needed no less today than it was a millennium ago.

Technical Remarks.

The translation was based on the edition by Bernard Blumenkranz (Blumenkranz B: *Gisleberti Crispini Disputatio Iudei et Christiani et Anonymi Auctoris Disputationis Iudei et Christiani Continuatio*, Stromata Patristica et Mediaevalia, III.

Antwerp and Utrecht, 1956), and the more recent one by Abulafia and Evans (loc. cit.: p. xxiv). The latter provided the division into sections. For the division into chapters, I used the recent edition by Wilhelm and Wilhelmi (Wilhelm KW, Wilhelmi G: *Gilbert Crispin*. Freiburg, Herder, 2005). Biblical proof-texts were represented by the translations of the Jewish Publication Society (The Jewish Publication Society: *Tanakh—The Holy Scriptures*. Philadelphia, The Jewish Publication Society, 1985) for citations from the Hebrew Bible and the New International Version Study Bible (Barker K [ed.]: *New International Version Study Bible*. 10th ed. Grand Rapids, Zondervan, 1995) for citations from the New Testament. Occasional deviations from the rule are noted in instances where the disputants use source texts peculiar to Septuagint or Vulgate.

Occasional words, added in the English to make the more syncopated Latin source text easier to understand, are put in brackets.

Historical Framework

c.135	Justin Martyr's Dialog with Trypho; destruction of Jerusalem
325	Council of Nicaea
476	Fall of the West Roman Empire
c.500	Final redaction of the Babylonian Talmud
622	Inception of Islam
1040-1104	Rashi
1066	Battle of Hastings
1096-1099	First Crusade
1190	Massacre of the Jews of York
1290	Expulsion of Jews from England
1263	Disputation at Barcelona
1453	Fall of the East Roman Empire (Byzantium)

DISPVTATIO IVDEI ET CHRISTIANI

[1] Incipit epistola domini abbatis Gilleberti ad dominum abbatem Anselmum de disputacione nostre fidei quem habuit contra quendam Iudeum.

[2] Reuerendo patri et domino Anselmo sancte Cantuariensis ecclesie archiepiscopo, suus seruus ac filius frater Gislebertus Westmonasterii cenobii procurator et seruus, prosperam in hac uita diuturnitatem et beatam in futura eternitatem.

[3] Paternitati et prudentie tue discutiendum mitto libellum, quem nuper scripsi, pagine commendans que Iudeus quidam olim mecum disputans contra fidem nostram de lege sua proferebat et que ego ad obiecta illius pro fide nostra respondebam. Nescio unde ortus, sed apud Maguntiam litteris educatus, legis et litterarum etiam nostrarum bene sciens erat, et exercitatum in scripturis atque disputationibus contra nos ingenium habebat.

[4] Plurimum mihi familiaris sepe ad me ueniebat, tum negotii sui causa, tum me uidendi gratia, quoniam in aliquibus illi multum necessarius eram; et quotiens conueniebamus, mox de Scripturis ac de fide nostra sermonem amico animo habebamus. Quadam ergo die, solito maius mihi et illi Deus ocium concessit, et mox, unde solebamus, inter nos questionari cepimus.

[5] Et quoniam, que opponebat, conuenienter salis et consequenter opponebat, et ea, que opposuerat, non minus conuenienter prosequendo explicabat, nostra uero responsio uicino satis pede ad proposita illius respondebat, et Scripturarum eque testimonio nitens eidem ipsi concessu facilis esse uidebatur et approbanda, rogauerunt, qui aderant, ut memorie darem hanc nostram disceptatiunculam, fortasse aliquibus profuturam.

[6] Scripsi ergo, et, tacito mei et ipsius nomine, scripsi sub persona Iudei cum Christiano de fide nostra disceptantis, scriptumque et exaratum hoc opus tue transmitto examinandum censure. Si res approbanda est, tuo placebit approbata iudicio. Si uero respuenda est, seu tota, seu pars eius aliqua, quicquid respuendum erit accipe amico dictum in aure; et quia soli amico innotuit, silentio supprimatur, nec alicui hec ad legendum pagina communicetur.

[7] Saluo quidem amore mutuo et integra prorsus pace mutua deleatur quicquid delendum ese tibi placuerit, aut corrigatur, si quid est, quod corrigi posse tibi uisum fuerit. Fateor, quamlibet protuleris sententiam, animo libenti excipiam et aure obtemperanti audiam.

[8] Tamen quidam ex Iudeis, qui tunc Londonie erant, misericordia Dei, ad fidem christianam se conuertit. Scripturarum testimoniis apud Westmonasterium proferre potero totum, coram omnibus fidem commendans paternitati, baptismum petiit, accepit, et baptizatus prefati Deo se inibi seruiturum deuotionis deuouit, et monachus factus nobiscum remansit.

[9] Sic ergo Iudeus ille disputator aliis pluribus interpositis, me prouocando adorsus est.

[10] Incipit disputatio Iudei cum Christiano edita a Gisleberto abbate Westmonasterii.

[11] IVDEVS: Quia Christiani te dicunt litteris eruditum et facultate dicendi expeditum, uellem ut toleranti animo mecum agas. Qua ope rationis et quo auctoritatis testimonio Iudeos culpatis, quia legem a Deo datam obseruamus et Moysi legislatori obsecundamus? Si enim lex bona et a Deo data est, obseruanda est.

[12] Cuius enim decretum obseruandum erit, si Dei mandatum non est obseruandum? Si autem lex obseruanda est, cur eius obseruatores canibus assimilatis, fustibus extrusos usquequaque insectatis? Si uero eam minime obseruandam dicitis, culpandus est Moyses, qui nobis eam a Deo inani uanitate tradidit obseruandam.

[13] Quod si partem excipiendo id obseruandum esse dicitis, illud uero minime obseruandum uel abolendum esse censetis, date consilium, quomodo illud effugiemus indictum a Deo maledictum: 'Maledictus qui non permanserit in omnibus, que in lege scripta sunt.'

[14] Legislator nil excipit, sed uniuersaliter ea omnia mandat obseruari, uos autem ad uestrum arbitrium legis et mandatorum obseruantiam determinatis. Et, ut scias quia his in rebus rationi potius uacare uolo quam contentioni, ab aliis secedamus, et cui nostrum fauor audientium applaudat, omnino recusemus.

[15] CHRISTIANVS: Rationabiliter satis hec omnia tu requiris, et ea omnia queri conuenit. Sed a te uice pari requiro,

ut mecum animo patienti agas. Nam si modus altercationis nostre is habeatur, ut concedas quicquid tue legis pagina testatur uel ratione tam euidenti astruitur, ut a te nulla euidentiori refutetur, presto sum, ut de his tecum agam et undecunque uolueris. Idque potius fidei causa et tui amore facio quam studio disputandi. Nec hominum acclamationes curo, sed uincat cui ratio attestabitur et Scripture auctoritas contestabitur.

[16] Primum itaque legem bonam et a Deo datam dicimus, tenemus, astruimus. Ac proinde, quicquid in ea scriptum est, diuino sensu intellectum suis temporibus obseruatum et obseruandum esse sancimus. Diuino quidem sensu legis mandata intelligenda esse dicimus, quia, si humano ea omnia sensu et ad litteram accipimus, multa sibi inuicem aduersantia et multum repugnantia uidemus.

[17] Cum enim peracta creatione mundi Moyses dicat: 'Vidit Deus cuncta que fecerat et erant ualde bona', quomodo in discretione animalium postea scribit hec munda et illa animalia esse inmunda, his uti permittit, illa non solum non tangere, sed eum, qui tetigerit, morte multari et puniri mandat? Quod enim est inmundum, quomodo est ualde bonum? Vbi enim cuncta nominauit et ualde bona esse cuncta dixit, neque hoc neque illud animal excepit.

[18] Quomodo igitur Deus cuncta creauit ualde bona animalia, et postea uetat comedi hec uel illa animalia, et causam reddit dicens, ea esse inmunda animalia? Nec solum ea prohibuit, que sui natura homini ad uescendum noxia sunt, uerum et multa, que gustu iocunda et usu eque salubria ad comedendum existunt. Aliquid ergo sacramenti hec in se continent, que licet a Deo dicta sint, tamen a se inuicem ad litteram omnino dissident.

[19] Item scimus quia dixit Deus ad Adam: 'Ecce, dedi uobis omnem herbam afferentem semen super terram et uniuersa ligna, que habent in semetipsis sementem generis sui, ut sint uobis in escam. Qua igitur ratione Deus dedit primo homini uniuersa ligna in escam, et statim postea prohibuit, ne de ligno scientie boni et mali sumat in escam? Vbi uniuersaliter uniuersa ligna concessa homini commendat, nullum exceptum fuisse lignum insinuat. Non igitur absque mysterio id accipiendum est.

[20] In Exodo, inter alia precepta de faciendo altari, Dominus Moysi ita precepit: 'Altare de terra facietis mihi et offeretis super illud holocausta et pacifica uestra.' Et de qua materia alia fieri liceret et quomodo, ita subdidit: 'Quod si de lapidibus illud edificare uolueris, de non sectis lapidibus illud edificabis.'

[21] In expletione autem tabernaculi et uasorum atque utensilium tabernaculi ita legitur: 'Fecit Moyses altare thimiamatis de lignis sethim habens per quadrum singulos cubitos et in altitudine duos.' Et post pauca: 'Fecit et altare holocausti de lignis sethim quinque cubitorum per quadrum et trium in altitudine.' Non temerario quidem ausu seu presumptione fiebat, quod tam discreta dimensione altitudinis et quadrature fiebat.

[22] Item post aliquanta: 'Fudit bases eneas in introitu tabernaculi et altare eneum cum craticula sua.' Item in fine: 'Candelabrum stabit cum lucernis suis et altare aureum, in quo adoletur incensum coram archa testimonii.' Quomodo ergo Dominus iubet, ut altare de terra faciatis et super illud holocausta uestra offeratis, econtra Moyses fecit altare thimiamatis ligneum, fecit et altare holocausti ligneum, fecit

altare eneum, fecit et aureum, fecit aliquando etiam et lapideum?

[23] Multum itaque aduersum uidetur, ut aliud et aliter quam Dominus per Moysen iubet ab ipso Moyse agatur. Altius ergo quam littera sonat et hec accipi oportet.

[24] Rursum, cum ea omnia humanis usibus Deum creasse Moyses dicat, eaque omnia homini subdidisse commemorat, ut 'presit, inquit, piscibus maris, uolatilibus celi, animantibus terre et omni reptili quod mouetur in terra', cur postea uetat, ne homo aret in boue et asino? Onus aliud, quodcunque tibi placet, asino imponere licet, et ponere iugum boui cum asino quare non licet?

[25] Ad pascua ducere bouem cum asino licebit, in pascuis ea simul esse et conpasci lex permittit, et arare ea simul prohibet et interdicit. Si autem propterea uetat, quia hoc animal inmundum lex dicit, quare circa illud cetera, que dicta sunt, permittit, solum arare excipit? Equus in lege animal inmundum esse perhibetur et alia multa, nec tamen arare bouem cum equo uel alio animali inmundo in lege prohibetur.

[26] Hanc non solum in his que dicta sunt mandatis, sed in quampluribus aliis legalibus cerimoniis contrarietatem uidemus, nisi ea conpetenti sensu intellexerimus. Discreto itaque et diuino sensu hec discutienda et intelligenda sunt, quia fieri non potest, ut ad litteram sumpta ea omnia impleantur.

[27] Si uero legem debito sensu accipimus, omnia legis mandata debita obseruatione obseruare poterimus, quedam ad litteram et sine ullo figurarum uelamine dicta esse accipiendo, quedam uero ad figuram et profundo figurarum uelamine adumbrata esse intelligendo.

[28] Quedam ad tempus obseruari iussa sunt, quedam sine ulla temporum determinatione obseruanda sunt. Que enim sacramenti alicuius prenunciatiua erant et ueritatis future figura, suo tempore manifestata rei atque ueritatis presentia, oportuit, ut eorum remaneret prenunciatio et figura.

[29] Nam sicut ipso usu loquendi uerborum utimur uicissitudinibus, dicendo 'erit', quamdiu futurum est, ipsumque 'erit' prorsus omittentes in presenti 'est' assumimus, quodque ipsum iam preterisse significantes utimur 'fuit', sic in rebus prenunciatiuis alicuius sacramenti, ubi presens manifestatur sacramentum, eius iam superfluo seruaretur seu figura seu signum.

[30] Que uero alicuius mysterii significatiua non erant, sed aperte seu fidei ueritatem insinuant seu caritatis edificationem commendant, ea et a uobis et a nobis non ad tempus, sed in perpetuum obseruanda sunt, eorumque transgressio nullatenus esse potest inulta. Harum, que in lege erant, figurarum ueritas, tamdiu et per tot secula expectata, tandem aliquando erat exhibenda.

[31] Nunquid semper promittendum erat: 'Aperiam in parabolis os meum, loquar propositiones ab initio'? Nunquid semper futurum erat: Donec ueniat qui mittendus est, et ipse erit expectatio gentium'? Tandem ergo predestinatis a Deo temporibus uenit 'mediator Dei et hominum, homo Christus Ihesus', aperiens nobis sensum, ut intelligeremus Scripturas, dissoluens profunda mysteria, que de eo in lege et prophetis scripta erant, in quem te oportet credere.

[32] IVDEVS: Si ad tempus hoc uel illud sermo Dei seruandus est, eoque nunc annullato item alius ad aliud tempus obseruandus est, sicque per temporum uicissitudines diuine

inmutantur sanctiones, quomodo stabit: 'Semel locutus est Deus'? Quo pacto ratum erit: 'In eternum, Domine, verbum tuum permanet in celo'?

[33] Quid, queso, in ea interest, cur Deus hoc animal mundum, illud inmundum iudicet, hoc uti permittat, illo uti prohibeat? 'Quis' enim adiuuit spiritum Domini aut quis consiliarius eius fuit', ut istud agi permittat, illud fieri prohibeat?

[34] Iussit, obsequendum igitur est, eique obsequi summa uirtus est. Prohibuit, fieri ergo iam non licet, idque, si postea fiat, peccatum esse dicimus ac pena debita puniendum. Vt ergo seruemus littere figuram, contemnemus litteram? Vt seruemus alterum, que ratio est damnare alterum?

[35] Seruemus litteram, seruemus et littere figuram. Maneat paruo sensui nostro littera, maneat et uestro, atque addatur spiritualis et concessa uobis a Deo mysterii latentis intelligentia. Abstineamus a porco, quia lex iubet, abstineamus et ab eo, si quod est, quod per porcum significatur, peccato.

[36] Non aremus in boue et asino, quia id legislator prohibuit, et si qua euitanda intellexeris per hanc asini et bouis copulam, fas est euitare, immo peccatum est non euitare. Ita et de ceteris. Ita enim lex adimpletur et adimplenda esse censetur.

[37] Sed ita his prelibatis ad Christum ueniamus, in quo questionis et controuersie causa tota consistit. Nam eum noui cultus, nouarum institutionum ac legis prorsus immutate dicitis uos habere auctorem, in quem dicis quia me oportet credere. Christum credo Prophetam quidem omni uirtutum prerogatiua excellentissimum, et Christo credam; sed in Christum neque credo neque credam, quia non credo nisi in Deum et unum.

[38] 'Audi', inquit, 'Israel, Deus tuus Deus unus est.' Vnus, non triplex, sicut uos Christiani et negando dicitis et dicendo negatis. Dicitis enim: 'Deus est Pater, Deus Filius, Deus Spiritus Sanctus. Alius Pater, alius Filius, alius Spiritus Sanctus. Et tamen non tres Dii, sed unus est Deus.' Dicitis utrumque; qui uult credat uel alterum uel utrumque. Israel uero nostra gens audit et credit: 'Deus tuus Deus unus est.'

[39] Non creatus in tempore, non factus ex muliere; quoniam, si proprie dici posset, antequam tempus fuit, ipse fuit. Tempus ipse creauit et sub tempore celum et terram et que in eis sunt omnia ipse creauit.

[40] Sequitur aliud in Decalogo mandatum: 'Non assumas nomen Dei tui in uanum.' In uanum nomen Dei assumit, qui homini nomen cultumque diuinitatis attribuit. Nam, si uanitas est omnis homo uiuens, qui hominem Deum credit et Deum appellat, homini nomen cultumque diuinitatis attribuit.

[41] Non igitur credo in Christum neque spes mea est in Christo, quoniam: 'Beatus uir, cuius est nomen Domini spes eius'. Sed Christum credo et Christo credam, cum uenerit, quoniam de eo Moyses testatur et dicit: 'Prophetam suscitabit uobis Dominus de fratribus uestris tanquam me; ipsum audietis.'

[42] Et quoniam uotis omnibus optandum erat, ut ueniret, et quo signo aduentus eius dinosci posset, audi quid super hoc Propheta Isaias denunciat: 'Erit in nouissimis diebus preparatus mons domus Domini in uertice montium et fluent ad eum omnes gentes et dicent: "Veni ascendamus ad montem Domini et ad domum Dei Iacob."'

[43] Si ergo Christus iam uenit, ubi in toto orbe terrarum, preter pauculam gentem Iudeorum, dicitur: 'Ascendamus ad domum Dei Iacob?' Alii uestrum dicunt: 'Eamus ad domum Petri', alii 'ad domum Pauli', alii 'ad domum Martini.' Nulli uero dicunt: 'Eamus ad domum Dei Iacob.'

[44] Audi adhuc de aduentu Christi sequentia: 'Et conflabunt gladios suos in uomeres et lanceas suas in falces. Non leuabit gens contra gentem gladium, nec exercebuntur ultra ad prelium.' Nunquidnam ordo militaris nostra hac etate conflat gladios suos in uomeres et lanceas in falces? Vix fabri sufficiunt, uix ferrum sufficit fabricandis militaribus armis.

[45] Vbi terrarum inueniri potest: 'Non leuabit gens contra gentem gladium nec exercebuntur ultra ad prelium'? Vbique orbis terra uicinus uicino insidiatur, opprimit, necat; gens contra gentem effusis uiribus preliatur, regnum aduersus regnum excitatur, et ab ineunte ipsa puerili etate quisque exercetur ad prelium. Constat ergo quia uos Christiani longe de Christo et de eius aduentu erratis.

[46] CHRISTIANVS: Reuera 'semel locutus est Deus' et nefas est, ut unquam ullus sermo Dei annulletur. Diuine sanctiones non immutantur per ullas temporum uicissitudines, quia Christus non uenit legem soluere, sed adimplere. 'Amen', inquit, 'dico uobis; iota unum aut unus apex non preteribit a lege, donec omnia fiant.' Nunquid uult Christus legem damnare, qui comminatur inquiens: 'Iota unum aut unus apex non preteribit a lege, donec omnia fiant'? Non igitur eam uult soluere, sed adimplere. Lex prohibet homicidium, Christus iram et odium, lex prohibet adulterium carnis, Christus ipsum etiam appetitum cordis.

[47] Vobis lex prohibet uti porcina, et ea tunc ab eo animante abstinentia uobis necessaria erat, quoniam ueritatis future erat figura, et figura seruanda erat, donec adesset ipsa ueritas. Nunc autem nobis seu uobis necessaria non est, quoniam ipsa figure ueritas iam presens adest. Quanuis abstinere liceat, et multi nostrum abstineant, non solum ab ea, uerum et ab omni carne alia, magno et eodem iudice quisque nostrum se tuetur.

[48] Moyses carnem suillam inmundam appellat, uti ea prohibet, et propterea dicitis quia uti ea non licet. Moyses non alius sed idem ipse carnem suillam dicit mundam et ualde bonam, et eam ad uescendum sicut cetera scribit Deum fecisse bonam, et ideo dicimus quod ea uti licet. Postquam enim enumerauerat Deum creasse uniuersa, pisces maris, uolucres celi, cuncta animantia terre, in quibus est anima uiuens, non longe infra subdidit: 'Vidit Deus cuncta, que fecerat, et erant ualde bona.

[49] Quod ualde bonum est, nulla ex parte malum est. Quod uero nulla ex parte malum est, quomodo malum et inmundum est? Quicquid ergo nature a Deo facte in carne suilla consideratur, mundum et ualde bonum est atque uti licet. Quia uero per hoc animal uoluptas et inmundicia figuratur, inmundum propter hoc animal hod esse designator — ut uicium hoc studiosius caueatur, etiam animal ad uescendum interdicitur, per quod designatur — et ea inmundicia uti non licet. Sic ergo mundum et inmundum esse hoc animal intelligitur, et eo uti et non uti a Deo nobis permittitur.

[50] Vnde et sacra testatur auctoritas: 'Non quod intrat in os coinquinat hominem sed' que 'de corde' exeunt fornicationes, et cetera que enumerat uicia, 'ea coinquinant hominem'. Non itaque caro suilla, que in os intrat, coinquinat hominem, sed uoluptas et inmunda uoluptatis cuiuslibet concupiscentia, que

de corde procedit, ea coinquinat hominem. Propter hoc Apostolus Paulus quoque ait: 'Omnia, que uobis apponuntur ad uescendum, sumite cum gratiarum actione, nichil interrogantes propter conscientiam.'

[51] Eadem ratione licet arare in boue et asino, et prohibetur ne aremus in boue et asino. 'Nunquid de bobus', sicut ait Apostolus Paulus, 'cura est Deo? An propter nos lex hoc dicit?' Qui ergo terram colit, aret in boue et asino, si melius non potest, quia Deus permittit, quia omnia hec humanis usibus creauit. Sed, quia bos ungulam findit et ruminat et ad excolendam terram omnino est idoneum animal, rectorem in ecclesia designat discretum, in his, que agit, sensum habentem, qui rectum discernit a prauo et qui mandata Dei, que audit et que legit, meditatur, ac meditando apud se ruminat die ac nocte, nec solum sibi utilis existit, sed alios edificat et docendo instruit.

[52] Huic tam idoneo predicatori non est associandus ad predicandum uerbum Dei alter moribus indiscretus, sensu idiota et litteris imperitus, quia non solum sibi male uiuendo est inutilis, sed, malo suo exemplo et inmunde uiuendo, aliis noxius existit. Porro hec uicia per asinum designantur, qui neque ungulam findit neque ruminat et omnino inertissimum est animal.

[53] Que uero dicta sunt de faciendo altari, et quare Dominus prohibuit, ne homo ederet de ligno scientie boni et mali, profundum in se mysterium continent, sed alias et ad alios hec discutienda pertinent. 'Hec quidem in figura contingebant et dicebantur uobis; scripta sunt autem ad correctionem nostram, in quos fines seculorum deuenerunt', sicut dicit Paulus ex uestra gente noster Apostolus.

[54] Fines seculorum sunt nouissimi dies, de quibus Isaias prenunciat dicens: 'Erit in nouissimis diebus preparatus mons domus Domini in uertice montium', ad quem reuera eonfluunt omnes gentes, sicut Psalmista quoque predixerat: 'Reminiscentur et conuertentur ad Dominum uniuersi fines terre et adorabunt in conspectu eius uniuerse familie gentium.' Vniuersi fines terre iam credunt in Christum, Christum iam adorant uniuerse familie gentium.

[55] Vna et concordi uoce dicunt; 'Eamus ad montem Domini et ad domum Dei Iacob.' Non ad domum Iacob, uerum ad domum Dei Iacob. Hoc est ad domum Dei, quem coluit Abraham, quem coluit Isaac, quem coluit Iacob, quem coluit Moyses quoque et Aaron. Vt ostendant unum Deum esse et eorum, qui ante legem fideles fuerunt, et eorum, qui sub lege extiterunt, et eorum, qui nunc existunt, credentis in Deum uniuerse multitudinis gentium.

[56] Quod autem dicere nos arguitis: 'Eamus ad domum Petri', 'eamus ad domum Pauli', 'ad domum Martini' nullus, qui sane sapit, hoc ita dictum esse intelligit. Nullam quippe domum Petro seu Paulo facimus, sed in honorem atque memoriam Pctri seu Pauli Deo eam condimus. Nec ulli pontificum fas est dicere in consecrationibus ecclesiarum: 'Tibi Petro seu Paulo hanc domum uel hoc altare consecramus', sed: 'Tibi Deo in honorem Petri seu Pauli hanc domum uel hoc altare consecramus.'

[57] Propterea uero hec domus potissimum appellatur domus Dei Iacob, ac specialius nominatur Iacob, quia primus omnium, legitur Iacob Deo instituisse hanc domum: 'Erexit', inquit, 'Iacob lapidem in titulum fundens oleum desuper et dixit: "Vere, locus iste sanctus est"'. Et enumeratis que uiderat celestibus mysteriis, obstupefactus addidit: 'Quam terribilis est locus iste. Non est hic aliud nisi domus Dei et porta celi.'

[58] Domus ergo Dei nostri est domus Dei Iacob, quia Deum, quem colimus, coluit Abraham quoque, Isaac et Iacob. In hac domo Dei cotidie diuinus sermo recitatur, populus fidelis, que bona appetat et que mala fugiat, edocetur, ac simul que appetendorum sint premia et que mala que aguntur pena comitetur. Inde et forenses cause a Christianis aguntur: a proximis proximorum calumnie audiuntur, ac debita cuique reatui pena infertur.

[59] 'Non occides', inquit lex; qui autem occiderit, immo, sicut et Christus adicit, 'qui irascitur fratri suo, reus erit iudicio'. Cui ergo odium et ira tollitur, uti gladio et lancea non permittitur. Qui abrenuntia ire et odio, facillimum est ut abrenuntiet lancee et gladio. Multo quippe facilius est conflare gladium suum in uometem et lanceam suam in falcem, quam tumore cordis summisso humilem fieri ex superbo seruum ex libero, abnegare uxorem, filios, domum, agros, arma, equos et omnia que possidet, adhuc autem ut 'semetipsum abneget'.

[60] Quod tamen sepenumero fieri uidemus, uidetis et uos, quia multi olim in rebus seculi agentes, superbi et potentes, ad bella instructissimi et pugnaces, rapiendis aliorum rebus inhiantes, propter Deum abnegatis omnibus pompis secularibus, pauperrimi sponte per diuersa peregrinantes loca, sanctorum suffragia requirunt aut quolibet inclusi specu agunt uitam subditam sub quolibet prelato.

[61] In huius modi uero seruorum Dei cohabitatione adimpletur illud etiam denunciatum per Isaiam Prophetam miraculum: 'Vitulus, leo et ouis simul morabuntur et puer paruulus minabit eos.' Puer paruulus leonem et ursum cum agno minat, cum in domo Dei pastor eque nobili quondam et ignobili, potenti et impotenti, forti et infirmo imperat. Puer non sensu, sed malicia,

paruulus non iusto regiminis uigore, sed ab omni fastu seculari aut generis indignitate.

[62] Vt igitur breuiter dicam: hec est institutio uite Christianorum, ut quisque 'diligat proximum sicut seipsum, et, quod sibi fieri non uult, alii ne faciat. Hoc est uerbum, de quo ait Paulus Apostolus: 'Verbum consummans et adbreuians in equitate posuit Dominus super terram.' De hac uerbi consummatione Isaias Propheta dicit: 'Consummatio adbreuiata inundabit iusticiam; consummationem enim et adbreuiationem Dominus Deus exercituum faciet in medio terre.'

[63] De hoc etiam uerbo idem ipse Propheta Isaias predixerat: 'Venite', inquit, 'ascendamus ad montem Domini et ad domum Dei Iacob, et docebit nos uias suas Dominus et ambulabimus in semitis eius, quia de Syon exibit lex et uerbum Domini de Ierusalem.' Que, inquam, lex alia de Syon exitura esse predicitur, quod, inquam, uerbum Domini de Ierusalem exiturum esse prenunciatur? Lex, que per Moysen data est, non ex monte Syon exiit, quia in monte Syon data non est, sed in monte Synai.

[64] Que igitur lex exiit de Syon, nisi lex Noui Testamenti per Christum data, que ab eis locis per totum orbem terrarum annunciatur diffusa? 'Sedete', inquit, 'in ciuitate, donec induamini uirtute ex alto.' Et inde ascensurus in celum, 'euntes', inquit, 'in mundum uniuersum predicate Euangelium omni creature', hoc est illud bonum uerbum, id est Euangelium, quod de Ierusalem exiit. 'Predicate Euangelium omni creature; qui erediderit et baptizatus fuerit, saluus erit.

[65] In quo Euangelio uias suas uias nouas edocuit Dominus. Vie ueteres fuerunt: 'Oculum pro oculo, dentem pro dente'; uie

noue: 'Si quis te percusserit in maxillam, prebe illi et alteram. Auferenti tunicam, remitte ei et pallium.' Vie ueteres fuerunt: 'Diliges proximum tuum et odio habebis inimicum tuum'; uie noue sunt: 'Si esurierit inimicus tuus, ciba illum; si sitit, potum da illi.'

[66] He sunt uie Domini, he sunt semite Domini, per quas perfecti ambulant Christiani. Hanc christiane institutionis uitam licet nunc pauci seruant Christiani. Quondam seruabant reges et cum regibus subdite eis nationes. Quid uero, si potens aliquis, si uiolentus aliquis praue agit et corrigi non uult? 'Michi uindictam', dicit Dominus, 'et ego retribuam.' Et quanta erit illa diuine animaduersionis seueritas? Audi Psalmistam: 'Deus manifeste ueniet, Deus noster, et non silebit. Ignis in conspectu eius exardescet et in circuitu eius tempestas ualida.'

[67] Tamen circa nouissima dierum illorum, circa seculi consummationem, hec mala et multo duriora prenunciata sunt a Christo et a Prophetis ante Christum. 'Surget', in Euangelio inquit, 'gens contra gentem et regnum aduersus regnum. Et erunt pestilentie et fames et signa magna erunt. Et nisi adbreuiati essent dies illi, non fieret salua omnis caro.'

[68] Vnde in postrema uisione Danielis de extremo temporum et tribulatione illa intolerabili circa finem seculi ita legitur: 'Et faciet iuxta uoluntatem suam rex, et eleuabitur et magnificabitur aduersum omnem Deum et aduersum Deum deorum. Loquetur magnifica et diriget, donec compleatur iracundia.' Et post pauca: 'Veniet', inquit, 'tempus quale non fuit ab initio usque ad tempus illud.' De adbreuiatione quoque tribulationis ita subdidit: 'Vsque quo horum finis mirabilium? Et audiui uirum, qui indutus erat lineis, iurantem per uiuentem in eternum, quia in tempus et tempora et dimidium temporis.'

[69] In nouissimis ergo diebus, id est uergente mundi uespera, quando uenit plenitudo temporis, in qua misit Deus filium suum in terris, pax illa superius dicta in ecclesia Dei primitiua fuit, diuque longe lateque permansit.

[70] Circa finem uero seculi, hoc est circa nouissimorum finem dierum, dissensio illa per mundum et tribulatio, que inferius dicta est, ebulliet et seuissima erit, atque iam ebullire cepit.

[71] Paucis et succincte nunc ad ea, que de aduentu Christi proposuisti, respondimus, responsuri plenius, cum ad id tempus nos et ratio perduxerit. Ad Christum redeamus, in quem dixi et dico quia te oportet credere.

[72] Quanuis enim pace mea concedo esse dictum et salua fidei assertione contestor esse approbatum quia non debemus credere nisi in Deum et unum, tamen dixi et dico quia in Christum te oportet credere. Nomen Dei in uanum nequaquam assumimus, quia nulli creature nomen cultumque diuinitatis attribuimus, et, si quis attribuendum dicit esse, omnimodo redarguimus; et tamen dixi et dico quia in Christum te oportet credere, quia Christum constat Deum et hominem esse.

[73] Licet enim credamus Deum hominem assumpsisse in unitatem persone et Christum credamus Deum et hominem esse, tamen duas naturas in eo credimus, et omnino discretas utriusque nature proprietates asserimus. Manens quippe incommutabiliter Deus id quod erat, assumpsit quod non erat. 'Verbum' quod 'erat in principio apud Deum, per' quod 'omnia facta sunt et sine' quo 'factum est nichil, caro factum est et habitauit in nobis'.

[74] In quo ergo Christus Deus est, Filius Dei est uirtute, non gratia, Patri consubstantialis, par et coeternus, ante omnia

existens tempora, et in eum credimus. In quo homo est, Filius Dei est non uirtute, sed gratia, Deo inferior, minoratus etiam paulominus ab angelis, sub tempore factus, natus ex femina, et in eum scilicet hominem assumptum non credimus. Item, quia Deus est, nec mori nec pati nec nasci potuit; quia homo est, et nasci et pati et mori potuit, uoluit, et per passionis sue mysterium a morte nos redemit.

[75] Propheta Isaias Deum et hominem futurum esse Christum prenuncians ait: 'Ecce', inquit, 'Dominus, ponam in fundamentis Syon lapidem probatum angularem preciosum. Qui crediderit in eum, non confundetur.' Lapidem dicit et aperte subsequitur: 'Qui crediderit in eum non confundetur.' Per lapidem itaque sic probatum angularem preciosum summum aliquem Christum utique designat hominem.

[76] Sed, si homo tantum esset, profecto idolatriam et prophanari Propheta suaderet, qui in hominem credi oportere nos admonet. Quia uero non est homo tantum, uerum et Deus, cui in Psalmo dicitur: 'Qui sustinent te non confundentur', ideo addidit: 'Qui crediderit in eum non confundetur.'

[77] Igitur Christus, quia homo est, positus est in Syon lapis probatus angularis preciosus. Lapis probatus, 'quia peccatum non fecit nec inuentus est dolus in ore eius'. Lapis angularis, quia 'circumcisionem iustificat ex fide et preputium per fidem', utrumque parietem in se colligens atque utrumque populum in se unum faciens. Lapis preciosus, quia mors eius apud Deum tanti extitit, ut peccata totius tolleret mundi.

[78] Quanuis itaque homo fuerit, lapis probatus angularis preciosus fuit, et in eum credimus, quia, ut dixi, Christum Deum et hominem esse credimus. Quia et Deus est, unde et

consequitur: 'Qui crediderit in eum non confundetur', credentes in eum debito diuinitatis cultu non confundemur.

[79] Quod autem dicis nos et negando dicere et dicendo negare unum et triplicem Deum, omnibus modis negamus unum et triplicem dici, quia nullam in Deo dicimus triplicitatem, sed unum et trinum dicimus, quia in Deitatis unitate Personarum credimus Trinitatem. Quare autem dici non debet triplicitas et quare dici potest Trinitas, suo loco dicemus, et quod dicemus, ratione et auctoritate astruemus.

[80] IVDEVS: Que me ratio, que Scripturarum cogit auctoritas, ut credam, quod Deus homo fieri queat uel homo factus iam existat? Si nulla est apud Deum transmutatio nec ulla uicissitudinis obumbratio, quomodo penes eum tanta rerum fieri potest alteratio, ut Deus homo fiat, creator creatura, et incorruptibilis credatur factus esse corruptela? Quomodo, queso, accipitur: 'In principio, Domine, terram fundasti, et opera manuum tuarum sunt celi; ipsi peribunt, tu autem permanebis.' Mutabis eos et mutabuntur, tu autem semper idem ipse es.' Quomodo Deus semper idem ipse est, si alteratus homo fieri potest?

[81] Si Deus est inmensus, quomodo uili et parua humanorum dimensione membrorum potuit dimensus circumscribi? Si Deus est incircumscriptus, quo argumentationis genere dicetur quod dimensione corporea circumscriptus totus sub angusto uno matris utero potuit comprehensu teneri? Adhuc; si Deus est, quo nichil maius siue sufficientius cogitari potest, qua necessitate coactus humane calamitatis particeps et tantorum factus est consors et patiens malorum? Denique, si Deus homo factus est, quomodo stabit, quod ipse locutus est ad Moysen: 'Non enim uidebit me homo et uiuet'? Multum repugnare uidetur, ut Deus homo factus sit et ab homine uel ipsa matre

sua uideri non potuerit. Absit enim, ut circa Deum aliquid fantasticum fuisse dixeris.

[82] Vnde fatemur quia nullo modo fas est talia de Deo excogitare, nedum dicere aut predicare, quoniam nec ratio id posse fieri sinit, nec ulla Scripture auctoritas occurrit, que huic errori uestro assentanea seu uicina sit. Nam illud Isaie uaticinium, quod ad uestrum accipiendo sensum male omnino deprauatis: 'Ecce uirgo concipiet et pariet filium, et uocabitur nomen eius Emmanuel', hoc est 'nobiscum Deus', quid ad rem, unde agimus?

[83] Non iam ab homine inquit corrupta, sed uiro nupta, uirgo adhuc existens, concipiet et pariet filium. Animo libenti accipimus de Christo dictum: 'Et uocabitur nomen eius nobiscum Deus', hoc est, tante dignitatis gratie erit apud Deum, ut in eo et per eum Dominus, id est Domini uirtus sit nobiscum. Nunquid quotiens ad uestrarum sollemnia missarum dicitis: 'Dominus uobiscum', statim consequitur, ut Deus homo fiat uel in turba homo factus consistat? Propheta igitur, rem sacre commemorans et nascituri Christi eminentiam prenuncians, nichil de eo absurdum, nichil de eo contra naturam dixit futurum.

[84] Nil prave suspicionis relinquens 'Ecce uirgo', inquit, 'concipiet.' Qua ergo temeritatis presumptione quisquam hominum audet scribere, quod nullo modo fuit Propheta ausus dicere, quod de Deo femina conciperet et conceptum de Deo filium pareret? Propheta dixit: 'Concepit et filium peperit.' Vos ex uestro sensu conicitis et commentatum usque quaque diuulgatis: 'Et post partum uirgo permansit.' Nusquam id a Propheta dictum accipitis. Iniuriosum, igitur est quod fronte tam impudenti sacra Prophetarum eloquia ad hominum uoluntatem commentando ita interpretamini.

[85] CHRISTIANVS: Nullam in hoc sacramento repugnantiam rerum metuimus, nullam Scripturarum dissonantiam ueremur. Sed Scripturarum interim omittamus auctoritates quibus, Deo iuuante, omnimodis astruemus quia Deus homo factus est et ab hominibus uisus est. Nam, aperte, exclusa omni ambiguitatis equiuocatione, ita Propheta Ieremias denunciat: 'Hic est Deus noster et non estimabitur alius ad eum. Hic adinuenit omnem uiam discipline, et dedit eam Iacob puero suo et Israel electo suo. Post hec in terris uisus est et cum hominibus conuersatus est.' 'Post hec', post legem, inquit, datam, post 'uiam discipline datam Iacob puero suo et Israel electo suo', Deus homo factus est 'et cum hominibus conuersatus est', natus ex uirgine, clauso matris utero, salua omni diuinitatis integritate.

[86] Vnde Propheta Ezechiel dicit: 'Et dixit Dominus ad me: Porta hec clausa erit et non aperietur et uir non transibit per eam, sed Dominm Deus Israel ingressus est per eam, et clausa erit principi. Princeps ipse sedebit in ea, ut comedat panem suum coram Domino.' Virgo igitur concepit, quia 'porta clausa erit et uir non transibit per eam.'

[87] Post partum uirgo permansit, quia 'Dominus Deus Israel ingressus est per eam, et clausa erit.' Ipse 'Dominus Deus Israel ingressus per eam', factus homo, sicut Psalmus dicit: 'Tamquam sponsus processit de thalamo suo', et quanuis homo, tamen princeps. Et sicut alius Psalmus dicit: 'Inter mortuos liber sedebit, ut comedat panem suum coram Domino.' Quem panem? 'Meus', inquit, 'cibus est, ut faciam uoluntatem Patris mei, qui in celis est.'

[88] 'Nobiscum Deus', non sicut ad missarum sollemnia dicimus: 'Dominus uobiscum', sed sicut apertius alibi Isaias dicit: 'Puer natus est nobis et filius datus est nobis, et uocabitur nomen eius: admirabilis consiliarius, Deus fortis, pater futuri

seculi, princeps pacis.’ Quia conceptus ille nouus nec usitatus et magne rei mysterium erat, iccirco Propheta premisit: ‘Propter hoc dabit Dominus ipse uobis signum: Ecce uirgo concipiet’, et cetera.

[89] Illam enim absurditatem, sensu uestro conceptam et adinuentam, quod de Dei substantia conceperit, nulli fidelium fas est dicere uel cogitare quia de Deo, hoc est potentia et uirtute Dei concepit, quoniam non humano usu nec ullo uiri semine concepit. Qui enim sine uiri semine ex nichilo primum hominem creauit, sine uiri semine ex aliquo, id est ex matris carne hominem Christum creare potuit. Et quoniam humano usu conceptus a peccato originali immunis non fuisset, nec ‘inter mortuos liber’, ut ‘inter mortuos liber’, solus sit, sicut Psalmista dicit, et a peccato immunis, ideo eum nasci sine peccato, hoc est sine uiri coitu ex uirgine oportuit.

[90] Vt ergo hec sine preiudicio dicta sint, quia Scripturarum testimonia loco suo seruamus ponenda, necessitas quoque summa et ratio exposcebat, ut Deus homo fieret et per humanitatis sue mysterium ad uitam nos restitueret. Homo igitur factus est, non id desinens esse quod erat, sed id assumens quod non erat. Non conuersione diuinitatis in carnem, sed assumptione humanitatis in Deum, dicimus Deum hominem factum.

[91] Et sicut anima rationalis et caro propter unitatem persone unus est homo, quanuis omnino alterius est nature anima et alterius caro, nec anima conuertitur in carnem, seu in animam caro, sed manente utraque natura persone conseruatur unitas, ita Deus et homo propter unitatem persone unus est Christus, quanuis Deus nec in hominem conuersus fuerit uel in Deum homo, sed, diuisa Dei et hominis natura, indiuisa Dei et hominis persone conseruatur, et adoratur unitas. Neque enim

omnia, que aliquo modo fiunt aliud quam erant, desinunt esse id, quod erant.

[92] In accidentium enim quorundam alteratione, cum homo niger fit albus, seu albus niger, superueniente altero perit omnino alterum. At, cum homo fit armatus seu exarmatus, uel ex nudo indutus, seu ex induto nudus, nil prorsus in se sic alteratus homo uel accipit uel amittit.

[93] Suscepit ergo Deus hominem in unitatem persone, ingenita bonitate sua non nostra, et multa necessitate non sua sed nostra, et ratione magna tibique approbanda, si audita uis uel rationabiliter admittere uel rationabiliter excludere. Scripturarum uero auctoritas non exacto sensu interpretata, sed tam euidens tibi apponetur, ut nil excogitare queas, quod contra opponatur.

[94] Nosti, quoniam Genesis apertissime commendat, qualiter homo primus sit conditus, qua dignitate sui prestans et qua eminentia supra cetera terre animantia positus erat. 'Dominamini', inquit, 'piscibus maris, uolatilibus celi, bestiis terre, et omni reptili, quod mouetur in terra.' Vnum accepit a Deo uetiti mandatum: 'Ex omni ligno', inquit, 'paradisi comede, de ligno autem scientie boni et mali ne comedas. In quacumque die comederis, morte morieris.' Non leuiter accipiendum erat quod sub tanto inuectionis maledicto uetitum erat. Tamen, nulla necessitate coactus, sed propria uoluntate subactus, morem gerens uxori, obedire maluit uxori quam precepto Dei.

[95] Tetigerat illa et comederat, dedit uiro et comedit, et utrique, mordendo uetitum, mortis et damnationis subierunt maledictum. Inobediens Deo dam effectus protinus concessum omne ius amisit, excussum ditione sue iugum a ceteris

animantibus sensit, et, dignitatem sui iam amittendo, nuditatem suam erubuit, currens ad folia fici, pudendam membrorum turpitudinem operuit. Ab hoste igitur seducti hostique turpiter subacti mox de paradiso uoluptatis, in quo erant, sunt expulsi. Obseratus est paradisi aditus, positus est, ad custodiendam uiam ligni uite, gladius ille uersatilis et flammeus. Gratias Deo quia ille gladius, licet flammeus erat, non tamen in perpetuum fixus, sed uersatilis erat, quia quandoque misericordia Dei remouendus erat.

[96] Infelices itaque et miseri parentes genuerunt filios sub eadem mortis et miseriarum conditione genitos. Ad laborem nascebatur homo, ad laborem moriebatur homo. In peccatis concipiebatur, in doloribus parturiebatur, miser ad erumnas et labores nascebatur. 'In sudore uultus tui', dixit Dominus ad Adam, 'uesceris pane, donec reuertaris ad terram, de qua sumptus es; quia terra es et in terran reuerteris.' Vnde et beatus Iob ait: 'Homo natus de muliere, breui uiuens tempore, repletur multis miseriis. Quasi flos egreditur et conteritur, et fugit uelut umbra, et nunquam in eodem statu permanet.

[97] Post hanc denique qualemcunque uitam morientes quo tunc ibant? Nemo in celum, sed omnes in infernum — tamen iusti spe bona quod ab inferis per Christum eruerentur, et per Christum ad superos in celum reuehi mererentur. Audi patres eminentissimos id aperta uoce contestantes: 'Descendam', inquit Iacob Patriarcha, 'lugens filium meum in infernum.' Et alibi ad filios suos: 'Deducetis canos meos cum dolore ad inferos.'

[98] Vnde et beatus Iob, cui Deo teste uir non erat similis in terra: 'Infernus', inquit, 'domus mea est; in tenebris straui lectulum meum.' Tamen, liberationis spe arrectus, paulo post addidit: 'Scio enim quod redemptor meus uiuit, et in nouissimo

die de terra surrecturus sum.' Qui redemptorem attestatur, uenundatum seu captiuatum se fuisse et redemptum esse non inficiatur.

[99] Audi et beatum Dauid: 'Deus redimet animam meam de manu inferi cum acceperit me'; et acceptam ab infero et redimendam animam suam dicit ab infero. Vnde et alibi exultans dicit: 'Domine, eduxisti ab inferno animam meam, saluasti me a descendentibus in lacum.' Cui dicit 'eduxisti, saluasti', nisi ei, de quo in alio Psalmo dicit: 'Iter facite ei, qui ascendit super occasum, Dominus nomen est illi?' Et quoniam solus ascendere super occasum noluit, audi quid Psalmista subdidit: 'Ascendens in altum, captiuam duxit captiuitatem.' Ezechias quoque moriturus ait: 'Ego dixi: In dimidio dierum meorum uadam ad portas inferi.' Et postea subdidit: 'Tu autem eruisti animam meam, ut non periret.' Hec, inquam, spes iustorum erat tunc morientium: nemo ergo in celum, sed omnes, qui tunc moriebantur, descendebant in infernum.

[100] Originalis itaque delicti expiationem et malorum tantorum euacuationem fieri oportebat nullo quidem creati hominis merito, sed ingenita optimi creatoris bonitate et gratia. Ne ergo in eternum homo periret, restitui hominem oportebat. Restitui autem non poterat, nisi Deus hominem assumeret, necessitatem nostram subiret, noster contra aduersarium causidicus ipse fieret, et nostre actionis negotium agens, non suadendo, sed iusto rationis iudicio aduersarium excludens, causam nostram finiret. Restituendus itaque Deo homo erat, ac per hominem, qui Deo semetipsum abstulerat.

[101] Quis autem hominum, de communi massa perditionis natus, id explere posset, ut reliquam humani generis massam restitueret? Vix enim sibi iustitia cui usque sufficit. 'Non est immunis a peccato infans, cuius uita est unius diei super

terram.' Quia, si nouus uel aliunde natus homo, seu angelus factus homo, hominem liberaret, non sic ad pristinum ingenite dignitatis statum restitui posset. Cum enim angelis homo par creatus, non natura, sed rationis et concesse libertatis gratia, soli Deo creatori ad seruiendum obnoxius erat; ad eundem libertatis statum seu per hominem seu per angelum restitui non ualebat. A quo enim quis a seruitute redimitur, ei ad seruiendum obnoxius esse iudicatur.

[102] Quia ergo per alium plena hominis restitutio fieri non ualebat, necesse fuit, ut creator creature subueniret, creaturam creator subiret, ut, per ipsum creatorem homo restitutus, soli creatori ad seruiendum obnoxius remaneret, et hostis iure ditionem super genus humanum habitam amitteret. Nil enim in Christo suum hostis inuenerat, qui neque in iniquitatibus conceptus erat, neque in peccatis partus fuerat: neque ullam prorsus peccati maculam uiuendo contraxerat.

[103] Quia igitur presumptione iniusta mors in eum feriendo deliquit, in quo nichil suum reppererat, nil omnino iuris habebat. Iure amisit eam iuris ditionem, quam peccato primi hominis in hominem primum eiusque posteritatem obtinuerat. Mors itaque Christi et peccati originalis apud patrem hostia et propiciatio fuit, atque humani generis plena integraque restitutio extitit. Reseratus est in eius obitu paradisi aditus, remotus est gladius ille uersatilis et flammeus. Iam in crucis patibulo affixus et moriens ait ad latronem: 'Hodie mecum eris in paradiso.' Tunc quoque adimpletum est, quod per Osee Prophetam dictum est: 'O mors, ero mors tua; morsus tuus ero, inferne.'

[104] Huius igitur restitutionis nostre sacramentum in Prophetis habebamus promissum, aliquando per rerum figuras, aliquando per uerborum enigmata, aliquando euidenti promissione et

aperta. Primi illis temporibus loquens Deus ad Abraham de hoc sacramento ait: 'In semine tuo benedicentur omnes gentes terre.' In Christo enim, qui de eius semine oriundus erat, benedicentur omnes gentes terre: quando quidem uniuersum genus humanum, sub maledicto primi parentis oppressum, per eum ab illo maledicto absoluitur et benedictioni atque gratie priori restituitur.

[105] Nam in Isaac gens nulla benedicitur, nulla gens eius ditioni subacta fuisse legitur. In Dauid uero et Salomone, qui regum terre illius fortiore aliis et potentiores extitere, quomodo omnes gentes benedicuntur, cur omnes circumquaque preter iudaicam gentes eis aduerse et contra eos semper dimicantes fuere? De successoribus eorum regibus regno fugatis captiuatis, exheredatis frustra mentio ulla haberetur. In Christo itaque restat, ut hec intelligantur et intellecta omnibus modis adimpleantur.

[106] IVDEVS: Violentiam Scripture infers et ad fidci ucstrc assertionem Scripturas intorques. Nam Ezechiel Propheta aperte portam appellat et de porta loquitur, tu feminam appellas ct dc fcmina ad uoluntatem tuam disputas. Res he omnino sunt remote et nulla sibi similitudine sunt admote.

[107] Hoc denique ultimo exemplo aperte tota tua de Christi ortu refellitur disputatio. Nam Deus dixit ad Abraham: 'In semine tuo', hoc est in Christo, qui de semine eius oriundus erat, 'benedicentur omnes gentes terre.' Deus dixit Christum de semine Abrahe oriundum, tu dicis eum sine ullo uiri semine fuisse ortum. Sed procede ad reliqua Scripturarum exempla, utrum aliqua sint apertius dicta et sententie atque fidei uestre magis assentanea.

[108] CHRISTIANVS: Commode ad opposita respondet, quisquis uicino pede prosequitur atque respondet. Dicimus figurate Ezechielem Prophetam fuisse locutum de porta illa, quoniam nullo modo accipi ad litteram possunt, que locutus est de porta illa. 'Et dixit', inquit, 'Dominus ad me: Porta hec clausa erit et non aperietur, et uir non transibit per eam, quoniam Dominus Deus Israel ingressus est per eam, et erit clausa principi. Princeps ipse sedebit in ea, ut comedat panem coram Domino. Per uiam uestibuli porte ingredietur et per uiam eius egredietur.' Hec ad litteram nemo explere potest.

[109] Nam Dominus Deus Israel, qui per Prophetam loquitur: 'Celum mihi sedes est et terra scabellum pedum meorum', et alibi: 'Celum et terram ego impleo', si, inquam, Dominus Deus Israel totus ubique est, unde ingressus est per portam illam et quo egressus est per portam illam? Si Deus est incircumscriptus, quomodo eum in porta sedere ad litteram accipi potest? Quomodo 'clausa erit principi', si 'princeps ipse Dominus Deus Israel ingressus per eam sedebit in ea, ut comedat panem coram Domino? Quem panem uel cuiusmodi panem, unde factum uel unde delatum, comedet Dominus Deus Israel et coram Domino? Quis alius iste dominus,ut coram eo panem comedat Dominus Deus Israel?

[110] Quia ergo hec ad litteram accipi non possunt, per portam aliud intelligi oportet, ubi hec omnia considerentur et considerata fieri posse conuenienter intelligantur.

[111] 'Dominus ergo Deus Israel ingressus per portam illam' ad nos egressus exiit, quia Deus homo factus in utero uirginis ex carne uirginis (nam aliter ab originali peccato non fieret immunis), sicut in Psalme dicitur: 'Tanquam sponsus procedens de thalamo suo', ad nos homo exiit. Atque Ieremia teste 'in terris uisus est et cum hominibus conuersatus est'.

'Porta clausa erit', quia uiro clausa erit, 'nec uir transibit per eam'. 'Clausa principi' seruabitur, ut per eam ingrediatur 'quia Dominus Deus Israel ingressus est per eam'. Neque enim ante conceptionem et partum Christi mater eius uiro cognita fuit, quoniam 'porta clausa erit et uir non transibit per eam'; neque post conceptionem et partum Christi mater eius uiro cognita fuit, quoniam clausa erit atque clausa seruabitur principi.

[112] Et quoniam totum hoc incarnationis dominice mysterium sola uirtute diuina sine humano contagio peractum est, alibi Propheta Isaias dicit: 'Rorate celi desuper et nubes pluant iustum; aperiatur terra et germinet saluatorem.' Rore inquit et nube celesti, hoc est sola creatione et operatione Dei, sicut paulo post subdidit: 'Ego Dominus creaui eum', aperta est terra, uterus uidelicet uirginis, et protulit saluatorem.

[113] 'Princeps ipse sedebit in ea', quoniam in ea quoque humanitate, quam Christus pro nobis assumpsit, omnia sibi subdita accepit. Vnde in Psalmo dicitur: 'Minuisti eum paulominus ab angelis; gloria et honore coronasti eum, et constituisti eum super opera manuum tuarum.' Comedit panem coram Domino, faciens uoluntatem Patris sui, qui cum misit ad nos. De hoc Domino et Domino dicitur in Psalmo: 'Dixit Dominus Domino mea: Sede a dextris meis.' Quis Dominus hec dicat et cui Domino hec dicat audi euidentius in alio Psalmo: 'Dominus dixit ad me: Filius meus es tu, ego hodie genui te. Postula a me et dabo tibi gentes hereditatem tuam et possessionem tuam terminos terre.

[114] Dominus ergo est Pater, Dominus est et Filius. Sed quia in Deo nichil extrinsecus sumptum est et apud Deum nulla temporum uicissitudo seu mutabilitas est atque in Deo nulla essentie diuersitas intelligi potest (quis enim in Deo diuersa copularet?), quia ergo nichil horum in Deo est, sed quicquid in

eo est, unum et idem omnino substantialiter est, ante omnia existendo et post omnia substendo, consequitur quia, sicut Pater Deus est, et Filius Deus est, compar, coeternus et consubstantialis. Non tamen duo Dii, sed unus est Deus, quia non alterius, sed unius eiusdemque omnino substantie est Pater et Filius.

[115] Idem et de Spiritu Sancto intellegi necesse est. Quid autem Spiritus Sanctus sit, multis Scripturarum locis aperte legis: 'Spiritus Domini ferebatur super aquas.' Et alibi: 'Verbo Domini celi firmati sunt, et Spiritu oris eius omnis uirtus eorum.' Et alibi: 'Spiritus enim Sanctus discipline effugiet fictum.' Et in quampluribus aliis Veteris Testamenti locis de Spiritu Sancto mentio et sermo habetur. Quia uero Spiritus Dei non est alterius substantie quam Deus, sed unius eiusdemque omnino substantie est Deus et Spiritus eius, compar, coeternus et consubstantialis (quicquid enim de Deo substantiale est, unum et idem omnino est — a quo enim Deus aliquid a se diuersum acciperet?), quia, inquam, ita est, consequitur quia Deus est Pater, Deus Filius, Deus Spiritus Sanctus. Et tamen non tres Dii, sed unus est Deus Pater et Filius et Spiritus Sanctus.

[116] Nullam uero in Deitatis unitate recipimus triplicitatem, quoniam triplicitas tollit essentie simplicitatem, quanuis recipiamus Personarum Trinitatem, quoniam Personarum Trinitas nullam essentie adimit unitatem. Commodius uero dici potest Personarum Trinitas quam Personarum triplicitas, ne unaqueque persona subintelligatur tripliciter accepta.

[117] Sed, quoniam inter fideles solos de unitate Deitatis ac Personarum Trinitate in Deitatis unitate sermo habendus est, quia sine periculo dicitur quicquid salua fide uentilando discutitur atque auctoritatis testimonio dirigitur, si uis

procedamus ad reliqua de Christo Scripturarum testimonia, postea ad hec, prout poterimus, discutienda reuertemur. Quanuis enim hoc mysterium nulla humana ratio potest comprehendere, tamen 'uidemus per speculum in enigmate'. 'Inuisibilia enim Dei per ea, que facta sunt, intellecta conspiciuntur: sempiterna quoque uirtus eius et diuinitas.

[118] Illud itaque aliud exemplum, quod refellendo posuisti, nichil non impedit. Si enim mater Christi, de cuius carne in eius utero Christus carnem accepit, de semine Abrahe orta fuit, de semine Abrahe Christus originem duxit, quanuis, sine ullo uiri semine, de uirgine matre ortus fuit.

[119] IVDEVS: Si fas est Christianis hoc modo Scripturas de Christo legere et interpretari, multo plura inuenietis, que ita quoquo modo poteritis interpretari. Nos uestras litteras nescimus et fortasse multa dicitis esse apud uos scripta, que apud nos scripta esse non credimus. Sed, si Deus mihi et tibi uitam prestare uoluerit, maiori ocio ad te reuertar. Librorum conferemus et apud nos et apud uos exemplaria, et ista requiremus exempla. Ipse quidem fateor summe ineptie, immo dementie esse, seu me seu te contra euidentia Scripturarum exempla et auctoritates resistere, et iccirco ad presens non est opus te ulterius disputando procedere.

[120] Nam, reuera, uos Christiani multa profertis de lege et Prophetis, que non sunt scripta in lege et Prophetis. Illud enim, quod de Ieremia posuisti: 'Post hec in terris Deus uisus est et cum hominibus conuersatus est', multaque huic uersui superius annexa, Ieremias non dixit, non scripsit. Quod si hoc in Ieremia scriptum esse inueneris, cetera ueracissime dicta esse concedo. Si autem in Ieremia non inueneris, depone tantam aduersum nos animositatem, erubesce adinuentam contra nos falsitatem,

et agnosce primam permanere apud nos in lege et Prophetis ueritatem.

[121] Nam et illud, quod uniuersi uos Christiani ore tam securo aduersum nos profertis: 'Ecce uirgo concipiet et pariet filium', Isaias non dixit, non scripsit, sed tantum: 'Ecce', inquit, 'abscondita concipiet et pariet filium.' Tamen, si hoc ipsum dixisset Isaias, quod dicitis: 'Ecce uirgo concipiet et pariet filium', non tamen addidit, quod uestra ex parte additis, quod uirgo in conceptu mansit et post partum uirgo permansit. Hoc nec Isaias dixit nec ullus alius Propheta.

[122] CHRISTIANVS: Quia Christus ueritas est, fides Christi falsitate nulla indiget nec ullus in ecclesia Christi locus est falsitati. Que proferimus scripta in lege et Prophetis, accepimus a uobis scripta esse in lege et Prophetis. Legem enim et Prophetas ecclesia Christi a uobis accepit, et quod a uobis accepit, inmutatum per tot secula ad hec usque tempora conseruauit. Temporibus Ptolomei regis Egypti, septuaginta interpretes, uestre gentis tunc eruditissimi doctores, legem et Prophetas ex hebreo in grecum interpretati sunt, nostri autem de greco in latinum, uerbum ex uerbo aut sensum ex sensu, postea interpretati sunt.

[123] Ab illis exemplaribus primis, ab illis interpretibus primis accepimus, quicquid in lege et Prophetis scriptum habemus. Lege nouos, lege ueteres ueteris instrumenti codices, lege apud grecos, lege apud latinos, nusquam in lege et Prophetis uarietatem reperies apud nos, sed eandem ubi que ueritatem et ueritatis unitatem in lege et Prophetis per totum orbem terrarum inuenies apud nos.

[124] Illud, quod de Ieremia posui, Ieremias dixit et scripsit. Ieremiam hoc dixisse uniuersa per orbem terrarum testatur

ecclesia Christi, et a primis temporibus primisque interpretibus uestris hoc ita accepit et sine ulla altercationis controuersia tenuit ecclesia Christi. Quanuis enim non habetur in eo libro, qui sub nomine Ieremie titulatur, Ieremias tamen hoc dixit, quia ille, qui hoc scripsit, ex ore Ieremie hoc scripsit: Baruch, qui Ieremie notarius extitit. Vnde in Ieremia sic legitur: 'Vocauit ergo Ieremias Baruch filium Nerie, et scripsit Baruch ex ore Ieremie omnes sermones Domini, quos locutus est ad eum, in uolumine libri.'

[125] IVDEVS: De istis septuaginta doctoribus nichil aliud apud nos habetur, nisi quod, temporibus Moysi, Moyses ipse septuaginta uiros elegit, senes populi, quos sui adiutores et earum que erant in populo altercationum iudices esse constituit. Isti nec Scripturas docuerunt, quia necdum erant, nec Scripturas interpretati sunt. Procedente uero temporum atque rerum serie, apud nos postea fuerunt Dauid et Prophete, qui multa dixerunt, multa scripserunt; sed que dixerunt, hebrea lingua dixerunt, que scripserunt, hebreo stilo scripserunt, et apud nos. Quicquid ergo aliud in lege et Prophetis quam apud nos habetur, et aliter quam primum exemplar continet, aliquis interpretatus est, falso interpretatus est, nec alicuius auctoritatis esse potest. Videte igitur unde habeatis, quoniam a nobis ea non habetis.

[126] CHRISTIANVS: Septuaginta illos sub Moyse uiros interpretes fuisse non dicimus, sed tantum senes populi atque iudices. Sed illos fuisse septuaginta interpretes dicimus, quos, ad id officii, populus Iudeorum misit ad Ptolomeum regem Egypti, iam subiugato regno Iudeorum ab Antiocho rege Egypti. Hi Alexandriam a uobis missi sunt, et apud Alexandriam Scripturas omnes, quas tunc habebatis, ex hebreo in grecum interpretati sunt. An uero nunc ita sit apud uos seu aliquomodo immutatum uel prorsus de medio sit sublatum,

nescio. Sed, quoniam lex sancit quod ‘in ore duorum uel trium testium stabit omne uerbum’, plane concedi oportet apud uos, ut stet illud uerbum, quod septuaginta interpretes, uestre gentis approbati testes, pari assensu contestantur esse dictum et in Ieremia scriptum. Necdum etiam Christiani erant.

[127] Denique, in exordio fidei nostre, gens uestra, fidei nostre emula, magne adhuc eminentie erat; multos uiros adhuc habebat summe facundie, et magni ingenii uiros, et utriusque lingue, hebree atque latine, optime instructos. Multi quoque tunc gentiles philosophi litteris grecis, hebreis et latinis eque instructi erant. Omnes aduersus fidem nostram insurgebant, questiones, bella et seditiones mouebant. Questiones, inquam, mouebant, domi, foris, plerumque etiam in uniuersalibus conciliis uniuersaliter per prouincias denunciatis. In manu lex et Prophete habebantur, reuoluebantur prolata testimonia, in utraque lingua discutiebantur.

[128] Tamen nullus uestrum hanc presumpsit calumniam, ut false interpretationis eos argueret, quia inde fidem uobis facile adimere posset. Philosophi ergo gentiles, hac omissa penitus calumnia, Propheta uili habebant, dicta eorum respuebant, sed, callida dicendi uersutia fidem nostram ledere attemptabant. Philosophi uestre gentis Propheta refellere nec ualebant nec uolebant, sed, hac item omissa calumnia Scripturas longe aliter intelligi oportere dicebant, suo sensu exponebant causeque sue Prophetas, res atque tempora conterminare temptabant. Sed quanuis ‘astiterunt reges terre et principes conuenerunt in unum aduersus Dominum et aduersus Christum eius, frustra fremuerunt gentes et populi meditati sunt inania’. Verum de his hactenus.

[129] Isaias, eodem spiritu aspiratus quo et Ieremias, idem licet aliis uerbis prenunciat: ‘Hec dicit Dominus: Propter hoc sciet

populus meus nomen meum in die illa, quia ipse, qui loquebar, ecce adsum.' Hoc est, 'ipse, qui' per Moysen 'loquebar', 'qui' per alios Prophetas 'loquebar,' per memetipsum locuturus 'ecce adsum'. Ad cuius occursum adhortatur uos idem Propheta, alio in loco: 'Preparare Israel in occursum Domini tui', quoniam uenit. Et de quo eius ad nos aduentu loquatur, audi euidentius: 'Habitantibus in regione umbre mortis lux orta est eis.' Que, inquam, lux? Audi absque ulla equiuocationis ambiguitate: 'Paruulus enim natus est nobis, filius datus est nobis.'

[130] Quis, inquam, est 'paruulus iste, qui natus est nobis, filius, qui datus est nobis'? Audi adhuc: 'Et uocabitur nomen eius admirabilis consiliarius, Deus fortis, pater futuri seculi, princeps pacis.' Et cuiusmodi pacis? 'Multiplicabitur eius imperium et pacis non erit finis', quia, sicut sequitur: 'Amodo et usque in sempiternum erit.' 'Ipse ego qui loquebar,' qui 'adveni omnem uiam discipline et dedi eam Iacob puero meo et Israel electo meo', 'ecce adsum', homo factus, 'cum hominibus in terris conuersatus'.

[131] Christus igitur, quia homo est, 'puer natus est nobis et filius datus est nobis'. Quia et Deus est, 'uocabitur nomen eius admirabilis consiliarius, Deus fortis, pater futuri seculi, princeps pacis, et pacis non erit finis, quia amodo et usque in sempiternum erit'. Si puer ille, sicut quilibet alius puer, in iniquitatibus conceptus esset et in peccatis mater eum peperisset, quid puer ille ab alio differet, quomodo 'inter mortuos liber, solus existeret, quomodo eius generationem idem ipse Propheta inenarrabilem diceret ('generationem', inquit, 'eius quis enarrabit'?)? Sed generationem eius ideo obstupuit et inenarrabilem dixit, quia neque in iniquitate mater eum concepit nec in peccatis mater illum peperit, sed uirgo

concepit, uirgo peperit, et ideo 'inter mortuos liber, solus extitit.

[132] Illud denique quod negatis esse scriptum in Isaia: 'Ecce uirgo concipiet et pariet filium', septuaginta uestri interpretes, fide et scientia approbati testes, ita interpretati sunt, et ita interpretari Propheta ipse uoluit dicendo et scribendo: 'Ecce abscondita', sicut dicitis, 'concipiet et pariet filium.' Nam, si communi sensu absconditam, id est domi reclusam, intellexit et nil aliud, quid mirum, quid nouum in eo conceptu, et cuius mysterii signum esse conceptum illum esse uoluit? 'Propter hoc', inquit, 'dabit Dominus ipse uobis signum. Ecce abscondita concipiet et pariet filium et uocabitur nomen eius Emmanuel.

[133] Butirum et mel comedet, ut sciat reprobare malum et eligere bonum.' Si ad litteram et communi sensu dicta hec accipiuntur, quomodo ille puer comestione butiri et mellis sciet reprobare malum et eligere bonum? Quam discretionem mali et boni dat comestio butiri et mellis? Quid ad rem scribere quod ille puer comederet butirum et mel, si ad litteram hec accipi uellet? Quod signum et cuius rei esset signum quod abscondita, id est domi reclusa puella aliqua, conciperet? Omnia ergo hec, nisi ad figuram et spirituali atque mystico sensu dicta accipiantur, puerili omnino sensu et inani dicta esse a Propheta considerantur.

[134] Quod quia credi et dici absurdum est, abscondita, id est ab amore uiri et omni contagione peccati conseruata concepit, sicut angelus ad uirginem respondit: 'Quomodo', inquit illa, '"fiet istud, quoniam uirum non cognosco?" Et respondens angelus dixit illi: "Spiritus Sanctus superueniet in te et uirtus Altissimi obumbrabit tibi"'. Vmbram, inquit, faciet tibi ab

omni abscondendo feruore libidinis. Propterea, 'quod nascetur ex te sanctum, uocabitur Filius Dei.'

[135] Cui Deus Pater in Psalmo dicit: 'Ego hodie genui te.' Et quia hodie istud non presentaneum et transitorium tempus, sed eternitatis perpetuitatem uolebat intelligi, iccirco alio in Psalmo dicit: 'Ante luciferum genui te.' Quid est igitur 'hodie genui te', et 'ante luciferum genui te', nisi: Ante tempus et temporalia, Deus Pater Deum Filium genui te, coeternum, quanuis te sub tempore et temporis conditione creauerim hominem ex femina factum.

[136] Has duas in Christo naturas item alio in Psalmo breuiter Dauid commendat: 'Veritas', inquit, 'de terra orta est.' Quia 'de terra orta est', homo est natus ex femina. Sed, quia 'omnis homo mendax', plus quam homo est, qui non mendax, immo ueritas ipsa et Deus est. Puer ergo iste homo et Deus 'butirum et mel comedit', quia, sicut Paulo superius idem Psalmus dicit: 'Misericordia et ueritas obuiauerunt sibi, iustitia et pax osculate sunt.' Butirum enim gratiam unctionis et misericordiam designat, mel uero, quod curandis uulneribus adhibitum edendo sanat, iudicii ac ueritatis seueritatem significat.

[137] Licet enim Scriptura dicat: 'Cui uult miseretur et quem uult obdurat', quia nec ipsum misereri nec ipsum obdurare ulla in parte a iusticia seu ueritate exorbitat, misericordiam Dei et iudicium ubique ueritas comitatur et in Scripturis pro alterutro ueritas sepe habetur. 'Vniuerse', inquit, 'uie Domini misericordia et ueritas'. Et in alio Psalmo: 'Opera manuum eius ueritas et iudicium'. Quia seu misereatur cui uult, seu induret atque puniat quem uult, uerax et iustus est misericordiam exhibendo, uerax et iustus est debitam iudicii sui sententiam inferendo. 'Butirum' igitur 'et mel' Christus 'comedit, ut sciat reprobare malum et eligere bonum', hoc est, ut sciri faciat quia

reprobat malum et eligit bonum, reddens unicuique iuxta opera sua, bonos remunerans et malos debita animaduersionis ultione condemnans.

[138] De hoc sacramento incarnationis dominice uideamus que alio in loco idem Propheta dicit, et prophetiam summatim percurramus. ‘Domine, quis credidit auditui nostro, et brachium Domini cui reuelatum est? Et ascendet sicut uirgultum coram eo et sicut radix de terra sitienti, et non est species ei neque decor. Et quasi absconditus uultus eius et despectus. Vnde nec reputauimus eum. Vere languores nostros ipse tulit et dolores nostros ipse portauit. Ipse enim uulneratus est propter delicta nostra, attritus est propter scelera nostra.

[139] Disciplina pacis nostre super eum, cuius liuore sanati sumus. Omnes nos quasi oues errauimus, unusquisque nostrum in uiam suam declinauit, et Dominus posuit in eo iniquitatem omnium nostrum. Oblatus est, quia ipse uoluit, et non aperuit os suum. De angustia et de iudicio sublatus est. Generationem eius quis enarrabit? Propterea dabit impios pro sepultura et diuitem pro morte sua, eo quod iniquitatem non fecit nec inuentus est dolus in ore eius, et uoluntas eius in manu Domini dirigetur.’

[140] Animos itaque uestros ad credendum obstinatos uidit Propheta et ait: ‘Domine, quis credidit auditui nostro?’ Et demonstrat quid audierat: ‘Et brachium Domini cui reuelatum est?’ De hoc brachio idem ipse alibi ait: ‘Parauit Dominus brachium suum in oculis omnim gentium, et uidebunt omnes fines terre salutare Dei nostri.’ Hoc brachium Domini, hoc salutare Dei, de quo in Psalmo dicitur: ‘Ponam in salutari fiducialiter agam in eo’, cui reuelatum est?

[141] Vos enim reppulistis eum, qui ad uos missus uenerat, sicut ipse conqueritur per eundem Isaiam Prophetam: 'Cognouit bos possessore suum, et asinus presepe domini sui, Israel me non cognouit, populus meus me non intellexit.' Vnde apertius in Psalmo dicitur: 'Populus, quem non cognoui, seruiuit mihi, in auditu auris obediuit mihi. Filii alieni, hoc est alienate, mentiti sunt mihi; filii alieni inueterati sunt et claudicauerunt semitis suis.' Iccirco eum reppulistis, quia homo erat, quia puer natus erat.

[142] Vnde sequitur: 'Et ascendet sicut uirgultum coram eo.' De radice enim Iesse uirga exiit, de uirga uirgultum ascendit. Virgultum ascendebat, quando 'Ihesus proficiebat etate et gratia apud Deum et homines.' Et quia uultus diuinitatis eius sub assumpti nube hominis absconditus erat despectus, nec reputauimus eum. 'Vere languores nostros ipse tulit', hoc est abstulit, 'et dolores nostros ipse portauit', hoc est absportauit.

[143] 'Ipse enim uulneratus est propter delicta nostra, attritus est propter scelera nostra.' Vnde Apostolus Paulus ait: 'Proprio Filio suo non pacis nostre super eum, cuius liuore sanati sumus.' Ipse enim est 'agnus, a qui tollit peccata mundi', qui, 'mediator Dei et hominum' existens, morte sua nos Deo reconciliauit, quia mors eius hostia pro peccato originali apud Deum atque propiciatio fuit.

[144] 'Omnes nos quasi oues errauimus', 'brachium' Domini non agnoscendo, quod 'parauit Dominus in oculis omnium gentium', nec in homine Deum esse eum reputando. 'Vnusquisque nostrum in uiam suam declinauit', quoniam ab eo, qui est 'uia, ueritas et uita', aberrauit.

[145] 'Et Dominus posuit in eo iniquitatem omnium nostrum', quoniam pro iniquitate et peccato mundi totius mortem pertulit.

'Factus enim pro nobis', sicut ait Apostolus, 'maledictum', hoc est particeps mortis, quam primo homini intulit illud indictum a Deo maledictum: 'In quocunque die comederis, morte morieris', mortem pro nobis pertulit et morte sua maledictum illud et mortem euacuauit. Et quoniam uniuersa hec propria uoluntate, non coactus, pertulit, iccirco addidit: 'Oblatus est, quia ipse uoluit, et non aperuit os suum.' Hec quidem assumpti hominis esse uidentur. Cetera, que sequuntur, hominem excedunt et Dei solius existunt.

[146] 'De angustia et de iudicio sublatus est. Generationem eius quis enarrabit?' 'De angustia', inquam, 'et de iudicio sublatus est', unde ipse in Euangelio ait: 'Venit princeps mundi huius et in me non habet quicquam.' Sed unde hec in eo libertas, quia 'princeps mundi huius,' in eo nil suum inuenit, quia 'de angustia et de iudicio sublatus est', quia mortuus teneri ab ipsa morte non potuit? Resurrexit enim a mortuis, sicut Psalmus dicit: 'Caro mea requiescet in spe, quoniam non derelinques animam meam in inferno, nec dabis sanctum tuum uidere corruptionem.'

[147] Vnde ergo hec tanta in homine potestas? Quia plus quam homo erat. 'Deus enim erat in Christo', sicut dicit Apostolus Paulus, 'mundum reconcilians sibi', cuius generatio est inenarrabilis. Quomodo enim Deus ex se consubstantialem ante tempora et semper gignat filium quis enarrabit? Quomodo, predestinatis temporibus, ex matre sine uiri semine homo creatus sit et eum Deus ipse assumpserit in unitatem persone, quis enarrabit? Nec illam igitur nec istam Christi generationem aliquis enarrabit.

[148] 'Propter scelus', non suum quidem, sed 'populi mei, percussi eum.' Quid enim sceleris admisit, qui 'peccatum non fecit nec inuentus est dolus in ore eius'? Si ergo uerum est

quod beatus Iob testatur: 'Non est homo, qui non peccet, nec infans, cuius est uita unius diei super terram', si uerum est quod et beatus Dauid attestatur: 'Omnis homo mendax', et alibi: 'Non iustificabitur in conspectu tuo omnis uiuens', plus quam homo est, 'qui peccatum non fecit', supra hominem prerogatiua excellentie eius fuit, qui 'uerbo non offendit', 'nec inuentus est dolus in ore eius'.

[149] De eodem sacramento in Psalmo dicitur: 'Speciosus forma pre filiis hominum, diffusa est gratia in labiis tuis. Propterea benedixit te Deus in eternum.' Et continuatim eundem alloquens ita subiunxit: 'Sedes tua, Deus, in seculum seculi; uirga directionis uirga regni tui. Percurre Psalmum et uide ad unam eandemque personam Psalmum hucusque sic continuatum. Deus itaque est, cui dicitur: 'Sedes tua, Deus in seculum seculi; uirga directionis uirga regni tui.'

[150] Cui uero dicitur: 'Sedes tua, Deus, in seculum seculi', nisi cui superius dixerat: 'Speciosus forma pre filiis hominum, diffusa est gratia labiis tuis.' Quem speciosum 'forma pre filiis hominum' appellat, ab hominis natura eum non separat et hominem esse constat. Eundem igitur, quem speciosum forma pre filiis hominum' appelat, Deum in subsequenti uersu aperte nominat dicens: 'Sedes tua, Deus, in seculum seculi'.

[151] Ex his ergo et aliis Scripturarum exemplis credimus et credendum esse astruimus quia Christus est homo atque Deus, discreta omnino utriusque nature essentia. Hunc iam uenisse dicimus quia signa, que de eius aduentu predixerunt Prophete, iam subsecuta esse uidemus. Vt enim de multis unum assumam: Iacob benedicens Iudam filium suum ait: 'Non deficiet princeps ex Iuda et dux de femoribus eius, donec ueniat, qui mittendus est, et ipse erit expectatio gentium.' Quia ergo iam per milia: annorum 'defecit princeps ex Iuda et dux de

femoribus eius'; ac pene iam ipsum euanuit nomen Iudeorum, dicimus quia Christus iam 'uenit expectatio gentium'.

[152] Et in Psalmo dicitur: 'Obscurentur oculi eorum, ne uideant, et dorsum eorum semper incurua.' Quia igitur per totum orbem terrarum ubique dorsum uestrum aliis gentibus est incuruatum, iam 'defecit princeps ex Iuda et dux de femoribus eius', et iccirco dicimus quia Christus iam 'uenit expectatio gentium'. Item, quia adimpletum est: 'Reminiscentur et conuertentur ad Dominum uniuersi fines terre et adorabunt in conspectu eius uniuerse familie gentium', dicimus quia Christus iam 'uenit expectatio gentium', cui honor et imperium per omnia secula seculorum. 'Qui ergo crediderit in eum', sicut testatur Isaias Propheta, 'non confundetur.' Qui uero non crediderit, audi de gentilibus: 'Confundantur omnes, qui adorant sculptilia et qui gloriantur in simulachris suis.' Audi et de Iudeis: 'Deleantur de libro uiuentium et cum iustis non scribantur.'

[153] IVDEVS: Ex hac igitur illatione tua colligi potest: confundantur et Christiani, quia et Christiani adorant sculptilia et gloriantur in simulachris suis. Ipsum etenim Deum effigiatis aliquando miserum, pendentem in patibulo, crucia clauis affixum, quod ipso etiam uisu horrendum est idque adoratis. Et circa crucem effigiatis semipuerum solem, nescio unde exterritum et fugientem, lunam semipuellam lugubrem semumque lucis sue cornu occultantem.

[154] Aliquando autem Deum effigiatis sublimi solio sedentem manuque porrecta signantem, et circa eum, quasi magno dignitatis prestigio, aquilam et hominem, uitulum et leonem. Has effigies Christiani exculpunt, fabricant et depingunt, unde possunt, et ubi possunt, adorant et colunt. Quod lex a Deo data omni modo fieri uetat. Nam in Exodo ita scriptum est: 'Non

facies tibi sculptile neque omnem similitudinem, que est in celo desuper et que in terra deorsum, nec eorum, que sunt in aquis. Non adorabis ea neque coles.' Lex igitur omne eradicat sculptile et eum qui fecerit, horrenda iudicat condemnatione.

[155] CHRISTIANVS: Si, inquam, lex ita omne damnat sculptile et nullo modo rei alicuius licet fieri similitudo, peccauit Moyses, qui rerum similitudines effigiauit et exculpsit, immo peccauit Dominus, qui eas effigiari et exculpi mandauit. Nam in Exodo ita Dominus precepit: 'Facient mihi sanctuarium iuxta omnem similitudinem tabernaculi quod ostendam tibi, et omnium uasorum in cultum eius.' Item post pauca: 'Facies et laminam ex auro purissimo, in qua sculpes opere celatoris sanctum Domino.' Item: 'Sumes duos lapides onichinos, et sculpes in eis nomina filiorum Israel opere sculptoris et celatura gemmarum.' Ecce rerum similitudines effigiantur et effigiari a Domino precipiuntur. Ecce sculpture fiunt Domino in lapidibus onichinis et auro.

[156] In Libro uero Regum legitur, ubi templum Domino edificatur: 'Omnes parietes templi sculpsit per circuitum uariis celaturis et torno, et fecit in eis cherubin et palmas et picturas uarias quasi prominentes de pariete et egredientes. Fecit quoque et mare fusile decem cubitorum, et stabat super duodecim boues.' Item post pauca: 'Fecit in oraculo de lignis oliuarum duo cherubin decem cubitorum altitudinis.' Item: 'Induxerunt sacerdotes arcam federis Domini in locum suum, in oraculum templi, in sanctum sanctorum, subter alas cherubin.' Ecce aperte nominat picturas et sculptilia, nec improbando, sed approbando ea que in templo Domini facta existunt sculptilia. Nam Deus ipse omnia, que facta sunt, se approbando accepisse insinuauit: 'Et non poterant', inquit, 'sacerdotes stare et ministrare propter nebulam. Impleuerat enim gloria Domini domum Domini.'

[157] Isaias Propheta dixit: 'In anno, quo mortuus est rex Ozias, uidi Dominum sedentem super solium excelsum et eleuatum. Seraphim stabant super illud, sex ale uni et sex ale alteri.' De illis quattuor animalium speciebus, quas derisione iniusta notasti, Ezechiel Propheta ita loquitur: 'Similitudo uultus quattuor animalium, facies hominis et facies leonis a dextris ipsorum quattuor. Facies uero uituli a sinistris ipsorum quattuor. Et facies aquile desuper ipsorum quattuor.' Quod ergo Isaias uidit, dixit et scripsit, quod Ezechiel uidit, dixit et scripsit, licet post eos dici et scribi et picture nota aliqua signari. Sicut enim littere quodam modo fiunt uerborum figure et note, ita et picture scriptarum rerum existunt similitudines et note.

[158] Quid plura? Sermonem colligamus et ad proposite finem questionis accedamus. Prohibuit Deus, ne fiant sculptilia, et tamen, sicut legimus, a Deo iussa sunt fieri sculptilia. Competenter igitur mandatum legis accipiendum est, immo, sicut ipse legislator declarat, intelligendum est: 'Non', inquit, 'facies sculptile' et cetera, causamque demonstrat: 'Non adorabis ea neque coles.' Exclusa igitur perfidi cultus idolatria, facta sunt ab eis et fieri possunt a nobis sculptilia.

[159] Facimus Deo picturas, facimus Deo celaturas, facimus et sculpturas; sed diuino cultu nec adoramus nec colimus eas. Nam ipsam crucem, quam crucem sanctam dicimus, utique lignum, non Deum esse dicimus, nullamque in se aut ex se uirtutem habere eam dicimus. At, postquam benedictione pontificali sacrificatur in memoriam dominice passionis, iam crucem non diuino, sed debito uenerationis cultu attolimus, adoramus et colimus, sicut in Psalmo dicitur: 'Adorate scabellum pedum eius, quoniam sanctum est.'

[160] Debito deuotionis cultu iccirco diximus, quia alio modo dicimus: 'colit Christianus Deum', alio modo dicimus: 'colit rusticus agrum'. Item alio modo dicimus: 'adorat homo Deum', alio modo dicimus 'adorat homo aliquem alicuius dignitatis uirum uel aliquod alicuius dignitatis signum'. Nam in Libro Regum legimus quod 'Bethsabee adorauit regem Dauid', et in multis uestrarum Scripturarum locis legimus quod homo hominem adorauerit, quamuis in lege scriptum sit: 'Dominum Deum tuum adorabis.'

[161] Cum igitur Christianus adorat crucem, diuino religionis cultu adorat in cruce Christi passionem propter hominis a Deo assumpti in unitatem persone passionem, ac debito uenerationis cultu adorat cruces effigiem, ipsius dominice passionis exculptam similitudinem. Vt uero paucis ac breuiter excludam: nullam omnino Christianus diuino cultu rei alicuius adorat effigiem, debito tamen honoris cultu sacratas sacrarum rerum colit et honorat effigies et picturas.

[162] Recita ergo Scripturas, legem uidelicet et Prophetas, et uidebis ea, que dixi, omnia scripta esse in lege et Prophetis, aut eadem uerba aut eundem omnino sensum habentia. Cogita, inquam, ac recogita quid expectatis et usque quo expectatis et quo signo expectata, cum aderunt, dinoscetis. Nam, qui promittebatur mittendus, uenit iam missus, sicut attestantur signa, que prenunciabantur Ihesus Christus, 'expectatio gentium', cui honor et imperium per omnia secula seculorum. Amen.

CONTINVATIO DISPVTATIONIS IVDEI ET CHRISTIANI

[1] Ex condicto item conuenimus die altero et considentes loqui cepimus.

[2] IVDEVS: Rogasti, ut cogitarem ac recogitarem de Scripturarum testimoniis, que scripta sunt in lege ac Prophetis et in Euangelio Ihesu Christi. Cogitaui ac recogitaui, et quanta magis cogito ac recogito, tanto magis extra me fio et stupidus fio. Si enim Deus, qui dedit legem Moysi, dedit Euangelium Ihesu Christi, expedit ut eadem auctoritate obediatis legi et Euangelio Ihesu Christi. Si uero Deus, qui dedit Euangelium Ihesu Christi, non dedit legem Moysi, nichil ad nos Deus ille. Genti nostre dicitur: 'Audi Israel, Deus tuus Deus unus est.'

[3] Vos dicitis quia lex Moysi non repugnat Euangelio Christi neque Euangelium Christi soluit legem Moysi. Igitur lex obseruetur, quia Deus eam seruari iubet, atque Euangelium obseruetur, quia Deus illud, sicut dicitis, seruari iubet. Consideremus circa Christum uestrum que dicimus, et huius complexionis nostre soluamus uinculum. Christus cerimonias legis omnes obseruauit et Euangelium addenda legem adimpleuit. Iungamus dextras, legem non soluamus et, spirituales sancti Euangelii iustificationes addendo, legem impleamus.

[4] Monetis, ut ad capessendam uitam eternam recipiamus baptismum, quia Christus dicit: 'Qui crediderit et baptizatus fuerit, saluus erit.' Ad capessendam eandem uitam eternam et uos circumcisionem accipite, quia idem Christus dicit: 'Non ueni legem soluere.' Paulus uester Apostolus est in Christum uestrum omnino iniuriosus; nam Christus circumcisus est, et Paulus predicat, sicut dicitis: 'Si circumcidamini, Christus uobis nichil proderit.' Idiote hoc testimonium idiotis possunt proferre, sed absit, ut hoc testimonium proferat uel suscipiat prudens aliquis. Vt enim breuiter has ineptias excludam: 'Non est discipulus super magistrum et seruus super dominum suum.'

[5] CHRISTIANVS: 'Venerunt flumina, flauerunt uenti', fides Christi non cadit, quia fundamenta eius in montibus sanctis. Veniamus igitur ad disputationis tue seriem et respondeamus ei per ordinem. Inquis: 'Si Deus, qui dedit legem Moysi, dedit Euangelium Ihesu Christi, eadem auctoritate debemus obedire legi et Euangelio Christi.' Concedimus, inquam, et omnino esse probabile astruimus, ut eadem auctoritate obediamus legi et Euangelio Christi. Nam Christus dicit: 'Non ueni legem soluere'; et Paulus, reuera noster Apostolus, seruus et discipulus Christi Ihesu, dicit in Epistola, quam scribit ad Romanos: 'Legem ergo destruimus per fidem? Absit. Sed legem statuimus.'

[6] Lex igitur per fidem statuitur, quoniam ex fide iustitia reputatur. Audi Scripturam: 'Credidit Abraham Deo et reputatum est ei ad iustitiam.' Iustitia igitur est ex fide, non ex lege aut ex circumcisione. Audi de circumcisione: 'Et signum accepit circumcisionis, signaculum iustitie fidei.' Vt ergo in mente uestra iustitia fidei seruetur, statuit Deus, ut in carne uestra fieret circumcisio, que signaculum fidei habebatur; sed quanuis fidei signaculum fiebat in carne uestra, sub

incredulitate erat omnis gens uestra. Vnde Dominus ad Iezechielem dicit: ‘Nolunt audire te, quia nolunt audire me, quia domus Israel domus incredula et asperatrix est.’

[7] Audi in Psalmo septuagesimo septimo de gente uestra: ‘Generatio, que non direxit cor suum, et non est creditus cum Deo spiritus eius.’ Quia igitur ‘non est creditus cum Deo spiritus eius’, repudiauit Deus exteriora iustitie fidei signacula. Vnde Apostolus Paulus in Epistola ad Galathas: ‘Neque circumcisio aliquid ualet, neque preputium, sed noua creatura.’ Nouam creaturam dicit fidem, quia innouati recreamur per fidem, sicut in eadem epistola, alio loco, dicit: ‘Neque circumcisio neque preputium aliquid ualet, sed fides, que per dilectionem operatur.’

[8] Audi conquerentem Dominum in Psalmo: ‘Non in sacrificiis tuis arguam te. Non accipiam de domo tua uitulos, neque de gregibus tuis hircos.’ Sed quid? ‘Immola Deo sacrificium laudis et redde altissimo uota tua.’ Sacrificium laudis est, quando peccator peccatum suum agnoscit et a Deo misericordiam exposcit. Audi Psalmistam: ‘Miserere mei Deus secundum magnam misericordiam tuam, quoniam iniquitatem meam ego cognosco et peccatum meum contra me est semper.’ Audi Dominum loquentem per Isaiam: ‘Incensum uestrum abhominatio est mihi, holocausta uestra et pacifica uestra odiuit anima mea.’

[9] Quid sequitur? ‘Lauamini, mundi estote, auferte malum cogitationum uestrarum ab oculis. Quiescite agere peruerse, discite benefacere.’ Hanc fidei iustitiam Dauid commendat in Psalmo, ubi dicit: ‘Omnia opera eius in fide.’ Et gratiam Dei commendat, ubi dicit, in alio Psalmo: ‘Saluum me fecit, quoniam uoluit me.’ De hac fidei iustitia sic legitur in Euangelio: dixerunt Discipuli ad Ihesum: ‘Domine, doce nos

orare', et docuit eos, ut sic orarent: 'Domine, auge nobis fidem.'

[10] Iustus enim ex fide uiuit, sicut Scriptura dicit: 'Iustus ex fide uiuit.' Hanc fidei iustitiam commendat Apostolus, quando dixit: 'Si circumcidamini, Christus uobis nichil proderit.' Si salus, inquit, et iustificatio est ex circumcisione, nec fides iustificat nec passio Christi nos Deo reconciliat. Sed, quia fides iustificat ('credidit enim Abraham Deo et reputatum est ei ad iustitiam') et passio Christi nos Deo reconciliat, circumcisio iam necessaria non est. Ad hec Abraham et semini eius precepit Deus, ut omnes, qui essent de semine eius, circumciderentur.

[11] Sed ante Abraham fuit Noe, de quo Scriptura dicit: 'Noe uir iustus et perfectus in generatione sua fuit. Cum Deo ambulauit', quia, sicut in alio Psalmo dicitur: 'Creditus est cum Deo spiritus eius.' Item Enoch ambulauit cum Deo, et transtulit eum Dominus. Reuera olim 'notus in Iudea erat Deus, in Israel magnum nomen eius', at nunc in omnibus gentibus Deus adoratur et colitur. Audi Psalmistam in Psalmo uicesimo secundo: 'Reminiscentur et conuertentur ad Dominum uniuersi fines terre, et adorabunt in conspectu eius uniuerse familie gentium.' Et in alio Psalmo: 'Omnes gentes seruient ei.' At de uestra gente dicitur: 'Obscurentur oculi eorum, ne uideant, et dorsum eorum semper incurua.'

[12] IVDEVS: Reuera multis, immo malis omnibus affligimur, atterimur, sed misericordiam nobis a Deo repromissam expectantes non diffidimus. Credimus Psalmiste dicenti: 'Non in perpetuum irascetur neque in eternum comminabitur.' Audi per Osee Prophetam: 'Tollam uos de gentibus et congregabo uos de uniuersis terris et adducam uos in terram uestram. Et habitabitis in terra, quam dedi patribus uestris, et eritis mihi in populum, et ego ero uobis in Deum. Et per Ieremiam: 'In

diebus illis saluabitur Iuda, et Israel habitabit confidenter.' 'Non leuabit gens contra gentem gladium nec exercebuntur ultra in prelium.'

[13] CHRISTIANVS: Verba futuri temporis sunt: 'saluabitur, habitabit', et alia, que posuisti; atqui hec futura facta sunt preterita. Audi eundem Dauid: 'Cantate Domino canticum nouum.' Nunquid solum Iuda? Nunquid solum Israel? 'Omnis', inquit, 'terra'. Et subdit causam: 'Saluauit enim sibi dexteram eius et brachium sanctum eius. Notum fecit Dominus salutare suum, in conspectu gentium reuelauit iustitiam suam.' Et in alio Psalmo: 'Commoueatur a facie eius uniuersa terra. Dicite in gentibus quia Dominus regnauit a ligno', sicut in ebreo habetur.

[14] IVDEVS: In ebreo habetur: 'Dominus regnauit'; sed illud, quod additis 'a ligno', reuera in ebreo non habetur. Ita in pluribus aliis locis sacras Scripturas temerario ausu ad uoluntatem uestram, addendo et adimendo, corrumpitis.

[15] CHRISTIANVS: Omnino exosum est tibi audire: 'Dominus regnauit a ligno.' Sed uelis nolis audire: 'Dominus regnauit a ligno', quia 'sicut in Adam omnes moriuntur, ita in Christo omnes uiuificabuntur', et, sicut per lignum serui facti sumus, ita et per lignum liberati sumus, quia, 'sicut Moyses exaltauit serpentem in deserto, ita exaltatus est filius hominis, ut omnis, qui credidita in eum, non pereat, sed habeat uitam eternam.'

[16] IVDEVS: Quia, ubicunque uultis, alegorias et figuras ponitis et, ubicunque littera sensui uestro repugnat, aligoriis et figuris litteram obuolutam esse dicitis et ad libitum uestrum exponendo explicatis, ista, inquam, consideratione Scripturas potestis accomodare ad quecunque uultis. Non enim sensum

uestrum Scripture subditis, sed sensui uestro Scripturam subponitis.

[17] CHRISTIANVS: Nos ubique allegorias et figuras positas esse non dicimus nec dicendum esse concedimus. Tamen multa in lege ac Prophetis allegorice dicta fuisse dicimus, dices et tu nobiscum, si Prophetarum dicta atque gesta habes in manu. Ad litteram conuenienter accipi non potest quod Psalmista dicit de Deo: 'Ascendit fumus in ira eius, ignis a facie eius exarsit, carbones succensi sunt ab eo. Inclinauit celos et descendit, et caligo sub pedibus eius. Et ascendit super cherubim et uolauit.' Quomodo inquit 'descendit', et 'ascendit', qui ubique totus consistit? Figurata ergo fuit hec locutio.

[18] Nec illud certe ad litteram conuenienter accipi potest, quod Dominus ad Ezechielem dicit: 'Ecce, dedi tibi fimum boum pro stercoribus humanis, et facies in eo panem tuum.' Et hec itaque figurata fuit locutio. Grande misterium erat quod sanctus Moyses, quando loquebatur ad populum, ponebat uelamen super faciem suam, et cornuta erat facies Moysi; quando uero ingrediebatur, ut loqueretur ad Dominum, auferebat uelamen a facie sua et in conspectu Dei non erat cornuta facies Moysi.

[19] Multa alia his similia possem tibi apponere in lege ac Prophetis allegorice dicta atque gesta, sed infructuose consumimus tempora, quia, dum legitur Moyses et Prophete, ponitur uelamen super corda uestra. Vt uelamen hoc auferatur a facie uestra, posito in cruce Domino, uelum templi scissum est, quia misterium, quod latebat in lege et Prophetis, reuelatum atque consummatum est.

[20] Clausi erant sermones isti, signatus erat liber, sicut in Daniele Propheta legitur. Sic enim in Propheta illo legitur:

'Claude sermones istos, signa librum, usque ad prefinitum tempus.' Et addidit: 'Pertransibunt plurimi, et multiplex erit scientia.' Amplior quippe scientia fuit in Apostolis quam in Prophetis. Vnde Dominus in Euangelio dicit: 'Multi reges ac Prophete uoluerunt uidere que uos uidetis, et non uiderunt, et audire que auditis, et non audierunt.' Prefinitum tempus dicimus illud tempus, de quo dicit Apostolus: 'Cum autem uenit plenitudo temporis, misit Deus filium suum factum ex muliere.' 'Verbum enim caro factum est et habitauit in nobis.'

[21] 'Factum sub lege', quia non uenit legem soluere, sed adimplere, qui, post resurrectionem suam Discipulis suis apparens, 'aperuit illis sensum, ut intelligerent Scripturas.' Iam uenisse Christum dicimus, quia signa de aduentu illius ante promissa iam adesse uidemus. 'Reminiscuntur iam et conuertuntur ad Dominum uniuersi fines terre', quia uiderunt omnes fines terre salutare Dei nostri. Quia cessauit unctio, quia 'defecit princeps ex Iuda et dux de femoribus eius', propterea dicimus quia iam uenit Christus, qui uenturus esse promittebatur, Noui Testamenti institutor et Veteris Testamenti confirmator.

[22] IVDEVS: Rationabiliter que dicenda erant dixeras, rationabiliter ad quesita responderas, sed finis turbat et confundit omnia: Deo quippe facis iniuriam. Singularitatem Deo adimimus, quia solus semper idem et incommutabilis est, tu uero circa Deum uicissitudines et commutationes diuersas esse astruis. Deus omnipotens atque inuisibilis est, tu impotentem eum et uisibilem facis, quia factum ex muliere, factum sub lege eum esse astipularis. Mutare atque immutare eum institutiones suas dicis, eius testamentum inueterari et inueteratum renouari argumentaris, quod nefas et sacrilegium est de Deo dici.

[23] CHRISTIANVS: Exasperaui cor tuum, quia dixi Testamentum Nouum et quia dixi Christum mediatorem Dei esse et hominum. Verum a te habemus quicquid inde dicimus. Scriptura dicit: 'Vetera transierunt, ecce facta sunt omnia noua', et a partibus probat. Audi per Isaiam: 'Ecce ego', dicit Dominus, 'creo celos nouos et terram nouam, et non erunt in memoria priora et non ascendent super cor ultra.' Audi per Psalmistam: 'Auferes spiritum eorum et deficient et in puluerem suum reuertentur. Emittes spiritum tuum et creabuntur et renouabis faciem terre.' Hoc exponit alius Propheta: 'Auferam cor lapideum de carne uestra', dicit Dominus, 'et dabo uobis cor carneum, et spiritum nouum ponam in medio uestri. Et faciam, ut in preceptis meis ambuletis et iuditia mea custodiatis et operemini.'

[24] Audi Psalmistam: 'Veritatem tuam et salutare tuum dixi.' 'Veritas enim de terra orta est', sicut in alio Psalmo dicit. Si igitur non recipis quod dicit Euangelium: 'Verbum caro factum est et habitauit in nobis', recipies quod dicit Isaias Propheta: 'Puer natus est nobis, filius datus est nobis, et uocabitur nomen eius admirabilis consiliarius, Deus fortis, pater futuri seculi, princeps pacis.' Futurum seculum dicit futuram tunc que nunc agitur seculi immutationem a uetustate ueteris et terreni Ade in nouitatem noui et celestis Ade, ut, secundum Apostolum Paulum, 'sicut portauimus imaginem terreni, portemus et imaginem celestis.'

[25] Ad ista IVDEVS intulit: Vos Christiani nos Iudeos amentes esse dicitis, sed, pace tua dixerim: uos Christiani omnino amentes estis. Creditis enim Deo sicut Abraham Deo credidit, et reputatur uobis ad iustitiam sicut et illi reputatum est ad iustitiam. Cur ergo erubescitis in carne uestra fieri 'signaculum iustitie fidei' illius, quando quidem, sicut dicitis, 'signum circumcisionis accepit signaculum iustitie fidei'?

Amentie magne est, ut rei, quam obseruatis et quam obseruandam esse predicatis, ferre signaculum erubescatis.

[26] CHRISTIANVS: Ferre 'signaculum iustitie fidei' non erubescimus, quia baptismum accipere nullus erubescit Christianus. Baptismus enim operatur apud nos, quod agebat circumcisio apud uos. Sicut enim dicebatur in lege: 'Masculus, cuius preputii caro circumcisa non fuerit, delebitur anima illa de populo suo', ita nunc predicatur in Euangelio: 'Nisi quis renatus fuerit ex aqua et Spiritu Sancto, non intrabit in regnum celorum.' Quia notus erat Deus tunc in Iudea tantum, sola gens uestra hoc accepit mandatum. 'Omnis', inquit, 'qui de semine est Abrahe, circumcidetur.'

[27] Quia uero nunc iam uiderunt omnes fines terre salutare Dei nostri et iam totus mundus post Christum abiit, predicatur pro circumcisione baptismus uniuersis gentibus. 'Euntes', inquit, 'in mundum uniuersum predicate Euangelium omni creature. Qui crediderit et baptizatus fuerit, saluus erit.' Quapropter iam ad salutem non sit necessaria circumcisio, quia, si ratione aliqua cogeremur circumcidi, eadem ratione cogeremur non baptizari et iustitia nobis reputaretur non ex fide, sed ex circumcisione, quod contra ueritatis assertionem et Scripture sacre auctoritatem esse probatur.

Disputation of a Jew and a Christian

Paragraphs 1 to 10 are an introductory letter to Gilbert's senior colleague, Anselm, at the time Abbot at the Monastery of Bec, later Archbishop of Canterbury under King William Rufus.

Prologue

[1] Here begins the letter of the Lord Abbot Gilbert to the Lord Abbot Anselm about a disputation of our faith which he conducted against a certain Jew.

[2] To the Reverend Father and Lord, Abbot Anselm: His servant and son, Brother Gilbert, proctor and servant of the Monastery of Westminster, [wishes you] a prosperous sojourn in this life and a beautiful eternity in the future.

> The first two paragraphs of the introduction help in dating the document. Had Gilbert written the Disputation after 1093, he would have addressed Anselm as *archiepiscopus* or Archbishop. A dating before 1096 is also supported by the absence throughout the document of any reference to the

First Crusade. Anselm (c.1033–1109), who was canonized by Pope Clement XI in 1720, was one of the outstanding theologians of his age, sometimes referred to as "the father of scholasticism." In many of the points Gilbert raises in his arguments about the incarnation, he reflects the teachings of Anselm in his best-known treatise "Cur Deus Homo?" or "Why [did] God [become] Man?" (Attwater D: *Dictionary of Saints*. London, Penguin, 1983, pp.44-45)

[3] To the consideration of your fatherly prudence I'm sending [you] a booklet, which I recently wrote, entrusting to the page what a certain Jew professed about his Law while arguing against our faith some time ago, and what I replied in support of our faith to his arguments. I don't know where he was from, but he had been educated at Mainz and was well versed in his Law and also our Scriptures, and he showed great expertise in scriptures and talent in his arguments against us.

In Section 3, as elsewhere, it may be noted that Gilbert refers to "the Law" (lex) when he means the Hebrew Scriptures. In this he includes the Prophets and Writings as well as the Torah.

[4] Being very familiar to me, he came to me, at times for business reasons, at times to see me, since I was very necessary to him in certain affairs; and whenever we came together, soon we had a conversation, in amicable spirit, about Scriptures and our faith. On a certain day, now, God granted to me and him

more leisure than usual[1], and soon, as we were accustomed, we started to ask each other questions.

> Paragraphs 3 and 4 are of interest for several reasons. This section stresses amicability and a certain respect for Gilbert's Jewish partner. These features are lacking from other disputations on record which tend to be more adversarial, in the character of tribunals. In addition, the paragraphs shed light on Jewish-Gentile relations at the time. Apparently there was a social and business connection, mentioned in passing as it were. This suggests that such contacts between Christian clergy and their Jewish neighbors were not especially remarkable. Furthermore, Gilbert establishes an inherent contrast between "his Law" and "our faith," foreshadowing a theme that recurs frequently throughout the ensuing discussion.
>
> The expression *God granted to me and him more leisure than usual* is a paraphrase of a verse in Virgil's Ecloga, showing Gilbert's erudition in secular classics.

[5] What he proposed, he proposed aptly enough and logically, and he subsequently explained that which he had proposed no less aptly. Now, our refutation responded to his theses point by point, and appeared, by his own concession, equally convincing by the proof of Scriptures, to be evident and proven. Consequently, those who were present asked that I should commit to written form this little discussion of ours as one that might be of use to some people in the future.

---

[1] Cf.: O Meliboee, deus nobis haec otia fecit. (Virgil: Ecloga I.6)

[6] Thus I wrote it down, and, leaving out my name and his, I have written under the person of "a Jew" who disputes with a Christian about our faith. I transmit this work, composed and written down, to your criticism as something to be examined. If the matter is to be approved [at all], it shall be acceptable after it has been approved by your judgment. If it must truly be rejected, either *in toto* or some part of it, accept whatever must be rejected as something spoken to a friendly ear. And because it became known solely to a friend, it will be passed over, and these pages won't reach anyone to be read.

[7] May, in fact, anything be deleted that you think should be deleted, in sound mutual love and in true, absolutely unbroken peace, or may it be corrected if you judge that what is there can be corrected. I declare that I will remove with a willing heart whichever argument you point out and I will listen with an obedient ear.

Gilbert places the responsibility for publishing the Disputation with the audience who urged him to write it up as an instructive tractate. Even so, he puts Anselm in charge of redacting the manuscript or even discarding it altogether. Conforming with medieval customs of anonymous craftsmanship, Gilbert not only relinquishes any claim to editorial control, but does not even put in his name (or his partner's) but chooses to refer to the protagonists as "a Jew" and "a Christian."

[8] However, a certain one of the Jews who were in London at that time, with the help of God's grace, converted to the Christian faith. Having professed his faith at Westminster in front of everyone, he requested baptism, received it, and, once

baptized, vowed to serve God there, and, having become a monk, has remained with us.

> Well into modern times, Jewish-Christian disputations have had a proselytizing agenda on the Christian side. Generally, the Jewish side aims at obtaining the antagonist's respect, an agreement, as it were, that there can be disagreement about the proper interpretation of Scripture. The Christian position reflects Christianity's exclusivist claims. So, its proponent seeks to demonstrate superiority of his religion and, consequently, conversion of the other side. This is evident in Justin and Trypho already, and can still be demonstrated as late as 1933 in a discussion Martin Buber had with Karl Ludwig Schmidt, a Protestant theologian: "The evangelical theologian who has to talk to you, must talk to you as a member of the Church of Jesus Christ, must endeavor to talk in a manner that will convey the message of the Church to Jewry. He must do this even if you would not have invited him to do so. The assertion of a mission to you may have a somewhat bitter taste as if intending an attack; but such an attack precisely involves caring about you as Jews—so that you may live with us as our brethren in our German fatherland as throughout the world." (Schmidt KL. Theol Bl 1933;12:258). The current disputation has relatively little evidence of Christian missionary zeal, but Paragraph 8 (not attested in all manuscripts) does include the conversion of one

Jew in the audience as an outcome—presumably highlighting the insinuated assertion that Christian doctrine is more convincing than Judaism.

[9] After several others had been interposed, therefore, that Jewish disputant went on the attack by challenging me thus.

[10] Thus ends the prologue: Here begins the Disputation of a Jew with a Christian, edited by Gilbert, Abbot of Westminster.

CHAPTER 1[2]

Reflections on the meaning of the laws issued in the Hebrew Bible.

[11] **The Jew**. Because the Christians say that you are educated in Scripture and equipped with the faculty of speaking, I would want you to deal with me in a tolerant spirit. By what power of reason and by what proof of authority do you criticize the Jews because we observe the Law given by God and follow our law-giver Moses? For if *the Law is good*[3] and given by God, it must be observed.

[12] For whose decree will have to be obeyed, if God's commandment need not be observed? If, however, the Law must be observed, why do you compare its followers to dogs, [treat them] as people [to be] chased away with clubs, and why do you attack us on every occasion? If [, on the other hand,] you say that it need not be observed at all, Moses must be blamed, who handed it down to us from God, in idle vanity, as something to be followed.

---

[2] Chapter division is borrowed from Wilhelm KW, Wilhelmi G: Gilbert Crispin – Disputatio iudaei et christiani, Freiburg, Germany, 2005

[3] 1 Timothy 1:8; Romans 7:12

[13] But if you claim that only that [part] must be observed that's left after removing part of it, but that what's been removed must certainly not be observed or must be abolished, give us advice how we will escape the judgment given by God as a curse: *Cursed be he who will not uphold the terms of this Teaching and observe them.*[4]

Scriptural proof-texts naturally abound throughout the Dialogue. It is worth considering the sources from which they are culled. In the example cited in Section 13 (*Cursed be he who will not uphold the terms of this Teaching and observe them*), there are small but distinct differences in the Hebrew, Greek and Latin renderings. The text occurs at the end of the curses detailed in Parashah Ki Tavo of the Book of Deuteronomy. According to the Hebrew, Moses conveys: ארר אשר לא-יקים את_דברי התורה_הזת לעשת אותם or in the Septuagint: Επικατάρατος πας άνθρωπος ός ουκ εμμενει εν πασιν τοις λόγοις του νόμου τούτου του ποιησαι αυτούς, and finally in Jerome's Vulgate: maledictus qui non permanet in sermonibus legis huius nec eos opere perficit. While the Jewish scholar in this discussion would be trained in the Masoretic Hebrew text, Gilbert may be presumed to be familiar with the Vulgate and Septuagint versions. Therefore, the differences are of interest and will at times in the subsequent segments be an issue. In the current proof-text, the following observations can be made: The Greek inserts

[4] Galatians 3:10; Dt. 27:26

"every man" where both Hebrew and Latin only have "he [be] cursed." The Greek and Latin translators render the Hebrew התורה-הזאת as "this law"—assuming Torah to be synonymous with νόμος or lex rather than the more original meaning of teaching. Both the Vulgate and Septuagint render "uphold," which is a transitive verb in Hebrew, by the more passive "stay within" (permanet is closely related to the English permanent). In the present instance, these variations are of no consequence, but they attain critical importance at other times.

[14] The Lawgiver makes no exceptions, but commands that they all be universally observed; you, however, determine observance of the Law and the commandments according to your judgment. Because I want to devote more effort in these matters to reason than to the scoring of points, let us disregard our audience, and let's forcefully reject any applause our audience's favor may grant one of us.

The Christian theology as originating with the Apostle Paul differed from Judaism by its attitude towards the Law, i.e. the Torah. As other aspects of Christology are related to this original difference, the role of the Law seems a useful starting point for a disputation. The Jew sets out the stark difference: The Jews obey the Law, but Christians do not and, further, denigrate and attack the Jews simply because they observe the Law. He picks a proof-text from Paul's Epistle to the Galatians which, in turn, is a quotation from

> the Book of Deuteronomy, thus challenging the Christian with evidence from both the Hebrew Bible and the New Testament. The challenge is that Christianity's Scriptures demand obedience to the Law. So what is Christianity's response? Christians pick and choose, and observe that part of the Law that makes sense to them. The implication then is that Christians substitute their own judgment for God's.

[15] **The Christian**. You request all this reasonably enough, and it is appropriate that all this be asked. But I ask from you in return that you deal with me in a patient spirit. Only if the manner of our discussion is kept so that you allow whatever is attested in the pages of your Law or is adduced by reason as so obvious that it cannot be disproved by you with any evidence, then I am ready to deal with you in these matters and to go wherever you may want to. And I am doing this more for the sake of the faith and out of love for you than out of eagerness to argue. I don't care about the applause of people: Rather, may the one prevail to whom reason confirms victory and to whom the authority of Scripture serves as witness.

[16] So, first we declare, we hold to, and we build on the fact that the Law is good and was given by God. And furthermore, we stipulate that whatever is written in it, understood in its divinely inspired meaning, was observed in its time and [, to this day,] has to be observed. We say that the commandments of the Law must be understood, in fact, in their divinely inspired meaning, because, if we accept them all with a human meaning and literally, we find many mutually opposing and very contradictory.

In Section 16, Gilbert hints at two time-honored arguments made by Christians in regard to the Law. On the one hand, they stipulate a developmental factor: Yes, there was a time when the laws of the Torah had validity, giving the recently liberated Israelites a concrete set of instructions how to manage social interactions and how to express their veneration of God. But these laws, the argument goes, must not be read the same way through eternity. Specifically, since Jesus' appearance on earth, the meaning of the Law has changed as Jesus came to "fulfill the Law." On the other hand, and closely related to the first point, is the claim that the literal meaning of the precepts ("human meaning") must be complemented or replaced by metaphorical understanding (sensus divinus= "divinely inspired" or "spiritual meaning"), also referred to as allegorical exegesis. The essence of allegory is the identification of biblical laws with philosophical principles (Cohen SJD: *From the Maccabees to the Mishnah*. Louisville, KY, Westminster, 1987, p.207).

This division into two ways of interpreting Scripture is, at first glance, reminiscent of the rabbinic techniques of p'shat ("the plain meaning") and d'rash (homiletic interpretation) respectively. A major difference is that the Rabbis did not disparage p'shat. Even the associative exegesis of d'rash (which, historically, preceded p'shat) remained mindful of the actual substantive meaning of the words and expressions used in a text. Rabbinic interpretation combines p'shat and d'rash as complementary ways towards understanding. D'rash stays with the written text but takes it as a starting point for a topical homily. Allegorical interpretation, by contrast, "explains a text from within a cultural situation in which a literal interpretation would be incomprehensible" (Scolnic BE: *Traditional methods of Bible study*. Etz Hayim, Philadelphia, JPS, 2001, p.1497). Commentators of the early Renaissance such as Sforno and Abravanel also added allegorical interpretation (remez) which had only played a minor role earlier. A concise discussion of the different types of rabbinic exegesis (besides p'shat, d'rash and remez, also sod or mystic exegesis), with an example of the danger of neglecting the plain meaning in favor of homiletics, is found in Etz Hayim (Scolnic BE: loc.cit., p.1494). Basically, while Gilbert and the Church Fathers minimize the importance of the plain meaning or reject it altogether, Jewish exegetes would generally follow Philo's assertion that allegorical interpretation does not negate literal meaning (Philo: *On the Migration of Abraham*. 16, §§89-93).

[17] If, once creation of the world had been completed, Moses says, "*God saw all that He had made, and found it very good*[5]," how can he later, on the occasion of division of the animals, write that these animals are pure and those impure, allow to use

[5] Gn. 1:31

these, but commands not only not to touch the latter, but that he who would touch them must be punished by death? For if something is impure, how can it be very good? When he named them all and said that all was very good, he omitted neither this nor that animal.

[18] So how did God create all animals very good, and later prohibits these or those animals from being eaten, and says, by way of a reason, that they are impure animals? He prohibited not only those that are, by their very nature, abhorrent for man to eat, but actually many that are pleasant of taste and of equally wholesome use to be eaten. Thus, these [commandments] contain in themselves some secret [meaning]; they may have been pronounced by God, but, [if understood] literally, they differ widely from one another.

Here Gilbert alleges a contradiction: Creatures which had been created as "good," nonetheless are later declared "unclean." In light of so obvious an inconsistency, he argues, is it not necessary to conclude that the literal meaning of the text must be disregarded and, instead, we must search for a hidden meaning? The response to this particular point should have been that ritual purity has nothing to do with "goodness" or "badness." The fact that, say, the horse and the eagle are טמא tam'e (unclean=unfit for use in Temple sacrifices) does not make these animals inferior to a goat and a pigeon, respectively, which are both טהר tahar (ritually clean). In other words, the English words "pure" and "impure" may create the impression that these laws are either hygienic ("pure" for "clean," and "impure" for "dirty") or metaphoric ("pure" for "righteous" or "good," "impure" for "wicked" or "bad"), but this impression is wrong. Leviticus does not care whether certain animals (for example, pigs) are dirty, since that fact is irrelevant to their status of impurity, nor does Leviticus include obvious sources of "dirt" (for example, feces and urine) among the sources of impurity. Leviticus 16:30 equates atonement with purification, but for the most part in Leviticus "sin" is not the cause of impurity, and righteousness is not synonymous with purity (Cohen SJD, op. cit., pp.129-130).

[19] Likewise, we know how God said to Adam, "*See, I give you every seed-bearing plant that is upon all the earth, and every tree that has seed-bearing fruit; they shall be yours for food.*[6]" For what reason did God give the first man all the trees for food, but immediately afterwards did he forbid him to use for food [any fruit] from *the tree of knowledge of good and evil*[7]? When He entrusts to man all the trees everywhere granted to him, He implies that no tree is exempted. Therefore, this can't be understood but for a mysterious [meaning].

Much rabbinical exegesis was devoted to the explanation of apparent conflicts such as the one mentioned by Gilbert as he points out that earlier in the creation narrative, Adam and Eve are expressly told that they can eat from all trees, but later the fruit of the Tree of Knowledge is exempted. The explanation offered by the

[6] Gn. 1:29
[7] Gn. 2:17

documentary hypothesis of modern criticism is that the two statements belong to two separate sources (in this case the P and E sources respectively): This argument was not within the purview of medieval scholars. Rather, they had to find ways to reconcile statements, and for Jewish exegetes, midrash was often used to find plausible explanations. Gilbert here seems to conclude that we must simply accept apparent inconsistencies as mysteries, reject any attempt to understand the passage literally and instead assume an allegorical meaning.

[20] In Exodus, among other precepts for building the altar, the Lord instructed Moses as follows, "*Make for Me an altar of earth and sacrifice on it your burnt offerings and your sacrifices of well-being.*[8]" And thus He told him about what other material it could be made of and how, "*And if you make for Me an altar of stones, do not build it of hewn stones.*[9]"

[21] As to the construction of the tabernacle, however, and the vessels and utensils of the tabernacle one reads as follows, "*[Moses] made the incense altar of acacia wood, a cubit long and a cubit wide—square—and two cubits high.*[10]" And a little farther on, "*He made the altar for burnt offering of acacia wood, five cubits long and five cubits wide—square—and three cubits high.*[11]" For sure, it did not happen out of thoughtless daring or presumption that it was built to such different measures of height and squares.

[8] Ex. 20:21
[9] Ex. 20:22
[10] Ex. 37:25
[11] Ex. 38:1

[22] Likewise farther on, "*Of it (copper) he made the sockets for the entrance of the Tent of Meeting; the copper altar and its copper grating,*[12]" and likewise at the end: "*Bring in the lampstand and light its lamps; and place the gold altar of incense before the Ark of the Pact.*[13]" So how does the Lord command that "You shall *make an altar of earth and sacrifice on it your burnt offerings,*" and yet, Moses *made the incense altar of wood,* he *made the altar for burnt offering of wood,* he made an altar of copper, he made one of gold, and [just] once in a while did he *make one of stones* as well.

[23] So, it seems very contradictory that something is carried out—by the very same Moses—differently from the way the Lord orders it through Moses. It has a meaning therefore more profound than the literal and this must be understood.

[24] Further, when Moses says that God created everything for human use, and he stipulates that He submitted everything to [the rule of] man so that "*He said... 'They shall rule the fish of the sea, the birds of the sky, the animals of the earth...and every reptile that creeps on earth,'*[14]" why does He later forbid man to "*plow with an ox and an ass together*[15]?" It is permitted to put a burden—whatever you please—on a donkey, then why is it not permitted to put a yoke on an ox with an ass?

[25] It shall be permitted to lead an ox with an ass to pasture: The Law allows them to be in the pasture at the same time and to graze together, but it prohibits and outlaws that they plow together. Yet if it forbids it for the reason that the Law says this animal—the ass—is impure, why does it permit [all] other

[12] Ex. 38:30
[13] Ex. 40:4-5
[14] Gn. 1:26
[15] Dt. 22:10

[activities] which were mentioned and only makes an exception for plowing? The horse is said, in the Law, to be an unclean animal, as are many others, and yet, it is not prohibited in the Law that an ox plow with a horse or another unclean animal.

[26] We see this contradiction not only in those commandments which have [just] been cited, but in ever so many ceremonial laws unless we interpret them in an appropriate sense. Thus, they must be discussed and understood in a different and divinely inspired sense because it cannot happen that they all be fulfilled in a literal sense.

[27] If we truly accept the Law in the sense that behooves it, we will be able to observe all the commandments of the Law that must be observed by accepting that certain ones are meant literally and without any covering of metaphors, and by understanding that certain [other] ones are allegorical and concealed under a profound cover of metaphors.

Sections 20 to 27 further bolster Gilbert's argument for allegorical exegesis. He adduces a number of additional examples to illustrate his point that, on a literal level, various commandments issued to Moses (and to man) are either nonsensical or contradictory or both. Attempts to observe them would end in confusion or inevitable transgression. Other laws are simply incomprehensible. Beyond the commandments for specific activities, Gilbert asserts rather globally, much ceremonial law is also so mysterious that, in order to make sense, it has to be understood allegorically.

[28] Certain ones are supposed to be observed at a certain time, others must be followed without any time limits. For where [the text] concerned the forecast of a secret and the allusion to a future truth that would only be obvious by the arrival of the event and the truth of the future time, [in those instances] it was necessary that forecast and allusion would remain.

[29] Just [consider how] we avail ourselves of alternations in the very usage of the spoken word, by saying 'it will be,' as long as it is future tense. In the present tense, we omit this very 'it will be,' but use [instead] 'it is,' and in order to indicate that something has already passed, we use 'it was:' So too, in prophetic matters relating to a secret, when a secret—[just] by force of [actually] occurring—is being disclosed, retaining either a metaphor or an allegorical clue would be redundant.

So far, Gilbert had not addressed the question why the Christians would accept some but not other precepts in the Torah. He now (§§28 and 29 and, below, 30) takes a stab at this by introducing the notion that certain commandments are so obviously sensible that they are of universal and eternal validity. No allegorical interpretation is necessary in these cases. Other commandments are veiled and incomprehensible. Therefore they must hint at a secret underlying meaning. Until such a meaning is revealed to us (he will soon become more specific on this topic), we are left with trying to deduce a symbolic or allegorical meaning. He amplifies his point by introducing a temporal element, distinguishing between everlasting truths and secrets that are being revealed at set times in the past, present and future. To the Jewish listener, Gilbert would still be heard as making a case for human discretion between laws of different kinds of validity.

[30] Those [scriptural passages], however, that were not predictions of some mysterium, but either openly imply a verity of faith or convey a concept of charity, must be observed both by you and by us—not temporarily but in perpetuity, and their transgression can never go unpunished. The true meaning of those allusions which were in the Law, a truth expected for so long and through so many centuries, finally had to be revealed at some time.

[31] Was it always to be promised, "*I will expound a theme, hold forth on the lessons of the past*?[16]" Was it always going to be, "*Until he comes to whom it belongs and the obedience of the nations is his*?[17]" [No!]—Finally there comes, in times predetermined by God, *[one] mediator between God and men, the man Christ Jesus,*[18] appearing to us to *open [our] minds so [we] could understand the Scriptures;*[19] and he reveals profound secrets that had been written about him in the Law and the Prophets: He in whom you ought to believe.

Now Gilbert introduces Jesus: Those mysterious laws and commandments for whose understanding we had either been waiting or which we tried to comprehend allegorically, finally they have been revealed as predictions of Jesus' arrival on the stage of the world. This statement sets the tone for

---

[16] Ps. 78:2
[17] Gn. 49:10
[18] 1 Timothy 2:5
[19] Luke 24:45

lengthy passages later in the dialogue when Gilbert cites copious proof-texts from the Hebrew Bible that purportedly allude to Jesus.

CHAPTER 2

Has the messianic age already arrived?

[32] **The Jew**. If God's word must [only] be served up to this or that time, and, after it has then been annulled, another [precept] must be observed at another time, and in this way the divine sanctions are changed through the alternations of times, how will [the dictum] stand, "*One thing God has spoken*?[20]" and by what logic will be valid [the verse], "*Your word stands firm in heaven*?[21]"

[33] What, I ask, does it matter why God would judge this animal clean and that unclean, why He would permit to consume this one and forbid to consume that one? For "*who has plumbed the mind of the Lord, what man could tell Him His plan*,[22]" that He would allow this to be done and prohibit that from happening?

[34] He has commanded, therefore one has to obey, and to obey Him is the highest virtue. He prohibited, therefore it must not be done, and we say that, if it is then done, it is a sin and

---

[20] Ps. 62:12
[21] Ps. 119:89
[22] Is. 40:13

must be punished by the appropriate sanction. Shall we throw out the literal meaning so that we preserve the metaphorical meaning of the text? What is the rationale for condemning the one in order to retain the other?

Here the Jew summarizes the fundamental objection of Jewish exegesis to the allegorical reading of Scripture: There is nothing wrong with looking for secret meanings behind plain commands that make no rational sense to us, but while we're looking for the hidden meaning, or waiting for revelation, let's pay attention to the plain meaning of the text and just do what we're told to do.

[35] Let's retain the literal meaning, and let's [also] retain the metaphorical meaning of the text. Let the literal meaning remain for our limited understanding and let it remain for yours. And [then, in addition,] may there be added the knowledge of a concealed secret, knowledge which is spiritual and granted to you by God. Let's abstain from pork because the Law mandates it! And also, let's abstain from the sin—if there is one—which is represented by [eating] pork.

[36] Let's not plow with ox and ass because the Lawgiver proscribed this! And if this yoke of ass and ox teaches you that something is to be avoided, it's only right not to do it, nay, it's a sin not to refrain from it. And the same applies to the other [rules]. For thus the Law is fulfilled and is supposed to be fulfilled.

Once more: There is value to the literal meaning, even if we simultaneously try to avoid actions we think may be symbolized by the plain meaning of the text. This summary, for the Jewish protagonist, brings the argument about the Law to an end.

[37] But after these preliminaries have been dealt with in this way, let's come to Christ, who [really] is the entire reason for [our] exploration and dispute. For you claim that in him you have the originator of the new cult, new traditions and of a changed law. And in him, you say, I ought to believe. I believe that, in fact, the Messiah will be a most outstanding prophet, evidenced by his virtues, and I will trust in the Messiah; however, in Christ I don't believe and will not believe because I only believe in one God.

The Jew has recognized the gauntlet Gilbert threw in the ring in Section 31: The crux of the whole dispute is going to center on Jesus and Christian belief that Jesus is the Messiah. The Latin text in Section 37 is confusing, because "Christus" is used both to refer to the Messiah and to Jesus and obviously, from the Jewish perspective, the two are not identical. Christus is, indeed, the Latin rendition of the Greek Χριστός(=anointed or Messiah), but that a Jew would refer to Jesus of Nazareth by the eponym Christ is unusual. It reflects either the Jewish protagonist's desire to meet Gilbert on his own turf, at least linguistically, or it is a consequence of Gilbert's redaction of the whole dialogue.

[38] He said, "*Hear, O Israel, the Lord our God, the Lord is one.*[23]" One, not triple, as you Christians claim and simultaneously refute or [, perhaps in reverse, as] you refute and simultaneously claim. Because you say, "God is the Father, God is the Son, God is the Holy Spirit. One is the Father, one the Son, and one the Holy Spirit. And yet, there are not three gods, but God is one." You say both; who so wishes may believe one or the other. Yet, Israel, our nation, hears and believes, "*The Lord* [your] *God, the Lord is one*."

[39] He was not created in time, He was not born out of a woman; indeed, if it could actually be expressed at all, He Himself was before there was time. He Himself made time and within [the construct of] time He *made heaven and earth... and all that is in them*[24].

[40] Another commandment follows in the Decalogue: "*You shall not misuse the name of* [the Lord] *your God*[25]." He who attributes the name and worship of the divinity to a human being misuses the name of God. For, if *a mere phantom* [means the same as] every *man as he goes to and fro*[26], then everyone who believes a man to be God and calls him God has attributed the name and worship of the divinity to a human being.

The Jew asserts the oneness and indivisibility of God and accuses the Christians of inconsistency by referring to God as a distinct component of the Trinity and yet claim that they believe in only one God. In §40, he uses the Vulgate translation to expound on the commandment by means of a

---

[23] Dt. 6:4; Mark 12:29

[24] Ex. 20:11

[25] Ex. 20:7

[26] Ps. 39:6

> Psalm. The connecting word is vanum (vain). The word הבל (which occurs in the Hebrew of Psalm 39:6) is usually translated as vanity (the JPS renders it "phantom" in this instance) so that this proof-text associates "man" with "vanity." From this connection then, he argues that applying the appellation "God" to a man means applying it to vanity and this in turn means using God's name in vain.

[41] I therefore do not believe in Christ nor is my hope in Christ, since *happy is the man who makes the Lord his trust.*[27] Yet I believe [that there will be] a Messiah and I will believe in the Messiah when he comes since Moses witnesses to it and says, "The Lord your God *will raise up for you a prophet from among your own people, like myself; him you shall heed.*[28]"

[42] It [certainly] would be worth all the prayers that he should come! To let you know by what sign his arrival could be distinguished, hear what the Prophet Isaiah declares on this [subject]: "*In the days to come, the Mount of the Lord's House shall stand firm above the mountains and...all the nations shall...say, 'Come, let us go up to the Mount of the Lord, to the House of the God of Jacob'.*[29]"

[43] If therefore the Messiah has already come, where in all the world except the little nation of the Jews is it said, "*Let us go up to the House of the God of Jacob?*[28]" Some of you say, "Let's go to the House of [St.] Peter," some, "To the House of

[27] Ps. 40:5
[28] Dt. 18:15; Acts 3:22
[29] Is. 2:2-3

[St.] Paul," others, "To the House of [St.] Martin." But none say, "Let's go *to the House of the God of Jacob.*"

[44] Listen now to the following [words] about the Messiah's arrival: "*And they shall beat their swords into plowshares and their spears into pruning hooks: Nation shall not take up sword against nation; they shall never again know war.*[30]" Is our military, in this [our] age, beating its swords into plowshares and its spears into pruning hooks? There are barely enough blacksmiths [around], [there's] barely enough iron for manufacturing [all our] military weapons!

[45] Where in the world can one find: "*Nation shall not take up sword against nation; they shall never again know war?*[29]" Everywhere on earth, neighbor plots against neighbor, oppresses him, kills him; nation wars against nation with all its might, kingdom is incited against kingdom and from the very time he begins his youth, every [man] is trained for battle. It is thus established that you Christians are wide of the mark about the Messiah and his arrival.

Christians believe that Jesus was the Messiah. Much of Christian exegesis of the Hebrew Bible is concentrated on assembling proof-texts that allegedly show that the Old Testament describes Jesus and the circumstances of his birth. In Judaism messianic hopes started flourishing in the latter half of the Second Commonwealth, but emphasized the attributes of the messianic age more than the person who would bring it about. Messiah, in fact, is a generic term for "the anointed"—a designation applicable to every

[30] Is. 2:4

monarch throughout Israelite history. §§41 through 45 thus summarize the essence of the Jewish argument *contra* Jesus' messiahship: Quite obviously, the messianic age, as described by the Prophet Isaiah, has not come, so, consequently, the Messiah has not arrived.

[46] **The Christian**: In fact, *one thing God has spoken,*[31] and it is a sin were any dictum by God ever to be abrogated. Divine sanctions are not changed in the course of the alternations of time, because Christ did not come to abolish the Law, but to fulfill it. "Amen," he said, "*I tell you ... not the smallest letter, not the least stroke of a pen, will by any means disappear from the Law until everything is accomplished.*[32]" Does Christ want to condemn the Law when he threatens, saying, "*Not the smallest letter, not the least stroke of a pen, will by any means disappear from the Law until everything is accomplished*"? He thus doesn't want to abolish it, but to fulfill it. The Law prohibits homicide, Christ [outlaws] anger and hatred, the Law prohibits adultery of the flesh, Christ even the desire of the heart as well.

[47] The Law forbids you to consume pork, and at the time, abstinence from that animal [i.e. the pig] was necessary for you, since [the commandment] was a metaphor for a future truth, and the metaphor had to be obeyed until the truth itself arrived. Now, however, it is not necessary for us or for you, as the truth itself [behind] the metaphor is here and present already. Although it is allowed to abstain, and many of us abstain not only from this [i.e. pork], but from all other meat, both of us can refer to the same great judge.

---

[31] Ps. 62:12
[32] Matthew 5:17-18

[48] Moses calls pig meat unclean, forbids eating it, and for that reason you say that it is not permitted to consume it. But none other than the same Moses himself says that pig meat is clean and very good, and writes that God had made it good to be eaten like other [foods], and therefore we say that it is permitted to consume it. For after he had related that God had created everything, *the fish of the sea, the birds of the sky...and everything that creeps on earth, in which there is the breath of life,*[33] not much farther down [in the text] he added, "*God saw all that He had made, and found it very good.*[34]"

Pork is declared ritually impure in the Torah. The source for saying that Moses declared pork ("pig meat") clean and good and fit for consumption is obscure. Presumably Gilbert reiterates his previous argument that the creation story suggests that there are no unclean animals and tries to strengthen it by making Moses' statements fit his purpose more explicitly.

[49] What is very good is in no way bad. If something is in no way bad, how can it be bad and unclean? Therefore, whatever [aspect] of the God-made nature is considered in pork, it is clean and very good and may be consumed. Because, however, by means of this animal lust and impurity are symbolized, for that reason it is it is stated that this animal is unclean—so that this vice be avoided all the more studiously, the animal, too, which symbolizes the vice, is proscribed for food—and its consumption is outlawed. It is understood then that this animal is clean and unclean, and we are permitted by God to consume it and not to consume it.

---

[33] Gn. 1:28-30
[34] Gn. 1:31

Gilbert claims that he knows why certain animals are not kosher. The proposed allegorical meaning may seem plausible for the pig, but it is hard to see how an analogous argument would apply to other prohibited foods. The traditional Jewish understanding is that man simply cannot fathom the rationale but is enjoined to respect the prohibition without being able to make sense of it.

[50] Hence the sacred authority [of the New Testament] testifies, "*What goes into a man's mouth does not make him unclean, but*[35] [the things] that *come...from the heart*, slander and other vices which he lists, *and these make a man unclean.*[36] It is therefore not the pork that goes into his mouth which makes man unclean, but lust and the longings of whatever kind of lust that proceeds from the heart which make a man unclean. Because of this, the Apostle Paul, too, says, "*Eat whatever is put before you*[37] to eat, consume it *with thanksgiving*[38], *without raising questions of conscience*[36].

This argument, as previous ones, rests on equating ritual impurity (ascribed to the meat of certain animals) with filth and depravity. As previously discussed, this equation is a result of inaccurate translation and transmission. In this instance, it reflects the fact that the gospel narratives of the New Testament were composed by Greek-speaking authors who were not familiar with the Hebrew traditions of the Torah.

---

[35] Matthew 15:11

[36] Matthew 15:18-20

[37] 1 Corinthians 10:27

[38] Philippians 4:6

[51] By the same rationale, it is permitted to plow with ox and ass, and it is prohibited that we plow with ox and ass. As the Apostle Paul asks, "*Is it about oxen that God is concerned? Surely, He says this for us.*[39]" He who cultivates the earth may plow with ox and ass if he can do no better, because God permits it since He created all these [creatures] for human use. But because the ox splits the hoof and chews the cud and is a completely proper animal for working the earth, it (i.e. the ox) symbolizes the church elder: [The elder is] one who exercises judgment in what he does, one who distinguishes right from wrong, and one who studies God's commandments, which he hears and reads, and by way of studying, he, [in a manner of speaking,] chews the cud day and night. [Thus,] he exists not only useful to himself, but edifies others and instructs them through his teaching.

> Here Gilbert provides an example of his allegorical interpretation. The ox—a kosher animal—is represented as a reference to the congregational leader (rector in ecclesia). The animal's characteristics emphasized in Scripture are each interpreted as symbolizing a particular virtue of the pastor: The split hoof represents the discernment between right and wrong, chewing the cud stands for contemplation of what he reads and hears, and its prodigious capacity for work reflects the church man's toiling on behalf of his congregation.

[52] Some layperson who is indiscriminate in his moral ways, ignorant and not erudite, must not be yoked to such a proper preacher in order to proclaim God's word. Rather, he is not

[39] 1 Corinthians 1:9-10

only useless to himself but also harmful to others by means of his bad example and his impure lifestyle. These vices in turn are symbolized by the ass, which neither splits its hoof nor chews the cud, and is an exceedingly lazy animal.

Gilbert continues his allegorical interpretation of the Torah's commandment not to yoke ox and ass together. As the ox represents the scripturally trained, moral and industrious clergyman, so the donkey is the lazy, indifferent and uneducated layperson. Thus, in Gilbert's interpretation, the Torah says that when it comes to preaching, the preacher must avoid associating with a rube—the ox must not be yoked to the donkey.

[53] What is said about the construction of the altar and why the Lord prohibited man from eating of the tree of knowledge of good and evil, those dicta contain a profound mystery in them. But a discussion [of these questions] must take into account the different time [when these statements were made] and other [people] who were involved. [Though] "*these things happened to them as examples* and were said to you; [they] *were written down as warnings for us on whom the fulfillment of the ages has come*,[40]" as Paul says, our Apostle from your people.

Gilbert makes the point here that certain commandments may have been pronounced to the Israelites, but they were really meant for the Christians. He argues that they simply make no sense if taken literally and in the sense of laws

[40] 1 Corinthians 10:11

imposed upon the Children Israel at Sinai. Only the injection of Jesus as the redeemer and his incarnation as the fulfillment of the Law permits an allegorical understanding of certain laws. To a Jew, there is some circular reasoning involved here: If we accept the notion that Jesus came as the fulfiller of the Torah, then the Torah can be understood as the prediction of Jesus' arrival and the impact of his teachings on posterity.

[54] *Fulfillment of the ages* is the last days about which Isaiah prophesies, saying, "*In the days to come, the mount of the Lord's House shall stand firm above the hills,*[41]" the mount to which all nations actually flock as the Psalmist, too, had predicted, "*Let all the ends of the earth pay heed and turn to the Lord, and the peoples of all nations prostrate themselves before you.*[42]" *All the ends of the earth* already believe in Christ, *the peoples of all nations* already prostrate themselves before Christ.

[55] In one unified voice they say, "*Let us go up to the Mount of the Lord, to the House of the God of Jacob.*[43]" Not "to the house of Jacob," but *to the House of the God of Jacob*. This is to the House of the God whom Abraham worshiped, whom Isaac worshiped, whom Jacob worshiped, whom Moses worshiped, too, and Aaron. So that they show that there is one God of both those who were faithful before the Law, and those who existed under the Law, and those who live now, [in other words] all the host of nations that believe in God.

[41] Is. 2:2
[42] Ps. 22:28
[43] Is. 2:3

The universalistic appeal of the Hebrew Bible is emphasized in §§54 and 55. Indeed, Isaiah predicts a future day when God rules supreme, and indeed, the Psalmist exhorts "all the nations" to worship the God of Israel. Neither proof-text, however, lends support to the claim that such worship could be divorced from observance of the Law.

[56] However, you accuse us of saying, "Let's go to the House of [St.] Peter," "Let's go to the House of [St.] Paul," "To the House of [St.] Martin." Yet no one with any common sense concludes that this was said that way. Of course, we don't construct a house for [St.] Peter or [St.] Paul, but we build it for God in honor and in memory of [St.] Peter or [St.] Paul. It is lawful for none of the bishops to say, at the consecration of churches, "To you, [St.] Peter or [St.] Paul, do we consecrate this house or this altar," but rather, "To You, God, in honor of [St.] Peter or [St.] Paul, do we consecrate this house or this altar."

Catholic churches to this day commonly bear the name of a saint. The blurred lines between veneration of saints and the worship of the One God was, of course, a major issue in the reformation movements that arose 400 years after this dialogue. Gilbert's argument here points out a reasonable distinction: Dedicating a sanctuary in the name of St. Peter does not mean that it is St. Peter who is worshiped inside. Still, the proliferation of shrines and reliquiaries at the time suggests that this distinction may not have been as clear to all his fellow Christians.

[57] It's for this reason that this house in particular is called the House of the God of Jacob. And Jacob is particularly mentioned because Jacob is chosen by God as the first of all to have built this House: "*Jacob took the stone*," [Scripture] says, "*...and set it up as a pillar*,[44]" and it said, "*The place where you stand is holy*.[45]" And after relating the heavenly mysteries he had seen, he added in amazement, "*How awesome is this place! This is none other than the abode of God, and that is the gateway to heaven*.[46]"

[58] Thus, the House of our God is the House of the God of Jacob because the God we worship, Abraham also worshiped as did Isaac and Jacob. In this House of God, God's word is recited every day, faithful people are taught what good they should strive for and what evil flee from, and likewise what the rewards are for those who strive and what penalty attends the evil that is committed. Based on these principles, public causes of action are pursued by Christians: Relatives' misdeeds are heard by relatives, and to each accused is handed the deserved punishment.

The Pentateuchal Book most commonly cited by Christian apologists is Genesis. The Patriarchs are presented as precursors of the professors of the Christian faith: As the revelation at Sinai had not taken place yet, all their virtuous behavior was based on their faith in a just and merciful God. A Jewish response to this chronological argument is found in the Talmud (TB Pesahim 6b) which asserts that there is no "before" and "after" in the

[44] Gn. 28:18
[45] Jos. 5:16
[46] Gn. 28:17

Torah. Characteristically, however, the Jewish protagonist never cites the Mishna or the Talmuds in his arguments although Gilbert (and the Jew) does quote the New Testament generously.

In Sections 56-58, Gilbert portrays Jacob as the one who laid the foundation stone for the House of the God of Jacob. As the link to the rejection of the Jew's argument about churches named after saints (§56) suggests, Gilbert connects the altar erected by Jacob, in a concrete way, directly to the church buildings of his day.

[59] "*Do not murder,*[47]" says the Law; but who murders, so also adds Christ, is "*anyone who is angry with his brother* [and he] *will be subject to judgment.*[48]" Hatred and anger are abrogated; the use of sword and spear is proscribed. Once someone has renounced anger and hatred, it is very easy to renounce spear and sword. It is certainly much easier to turn one's sword into a plowshare and one's spear into a pruning-hook, than—after a swollen heart has been humbled—to become humble from arrogant, slave from freeman, to renounce spouse, children, house, fields, arms, horses and all one owns until such a point that he "*deny himself.*[49]"

Jesus' comments on certain of the Ten Commandments correspond loosely to the mishnaic principle (Pirke Avot 1:1) of erecting a fence around the Torah. Gilbert is right to point out that attitudinal change is more difficult than the mechanical conversion of weaponry. For Jews,

[47] Ex. 20:13; Dt. 5:17
[48] Matthew 5:21-22
[49] Matthew 16:24

the idea of commanding an attitudinal change, however, is psychologically problematic because the way a person feels is not thought of as something that can be changed at will. Instead, the Jewish way is to command a particular type of behavior (such as to turn one's sword into a plowshare), and hope that consistent observance of behavioral commands will lead to attitudinal change.

[60] However, we see that it frequently happens, and you see it too: Many people busy in worldly affairs, arrogant and powerful, most skillful in matters of war and strife, covetous of seizing others' possessions, ask for the support of the Saints after they have renounced all worldly pomp because of God and have voluntarily become quite poor by means of pilgrimages to various places, or, placed in some cave, they lead a life dedicated to a spiritual purpose.

[61] Through a lifestyle of this kind by the servants of God, that miracle, predicted by the Prophet Isaiah, is also fulfilled, "The calf, the lion and the lamb shall dwell *together, with a little boy to herd them.*[50]" The little boy herds the lion and the bear with the lamb, while in God's House the pastor rules equally over the noble and the common, the powerful and the meek, the strong and the weak. [He is] a little child not in intellect, but in [terms of the absence of] malice, an infant not in the sense that he renounces his rule, but [in refraining] from all worldly pride and the trappings of his status.

Some knights and princes did indeed renounce their secular careers and gave up their possessions

[50] Is. 11:6

to retire into monasteries or to become hermits. Whether this was common or not is not clear. In any event, Gilbert puts forward a rather bold claim here by equating the monastic life to (partial) fulfillment of Isaiah's prophecy regarding world peace in the messianic age.

[62] So let me say it briefly: This is the rule of Christians' life, that each one should "*love* [his] *fellow as* [him]*self*[51]" and what one doesn't want to happen to oneself, one shouldn't do [to] others. This is the proof-text about which the Apostle Paul says, "*The Lord will carry out his sentence on earth with speed and finality.*[52]" About this fulfillment of the Word, the Prophet Isaiah says, "*Destruction is decreed; retribution comes like a flood! For my Lord God of Hosts is carrying out a decree of destruction upon all the land.*[53]"

Few arguments in the Jewish-Christian dialogue over the centuries are as exasperating to the Jewish side as the claims that Jesus introduced some sentiment that obviously originates in the Hebrew Scriptures. A case in point is the Golden Rule and its underlying biblical proof-text from the Holiness Code in the Torah: *Love your fellow as yourself* (Lv. 19:18). This was reformulated by Hillel, in response to an inquiry by a gentile petitioner as, "What is hateful to you, do not do to your neighbor." This, Hillel said, was the essence of

[51] Lv. 19:18; Galatians 5:14
[52] Romans 9:28
[53] Is. 10:22-23

Torah—"all else is commentary" (TB Shabbat 31a).

[63] About this proof-text the very same Prophet Isaiah had also pronounced, "*Come*," he said, "*Let us go up to the Mount of the Lord, to the House of the God of Jacob; that He may instruct us in His ways, and that we may walk in His paths.' For instruction shall come forth from Zion, the word of the Lord from Jerusalem.*[54]" What other law, I would ask, is prophesied to be coming forth from Zion, which word of the Lord, I would ask, is foretold to be coming forth from Jerusalem? The law that was given by Moses does not come forth from Mount Zion because it was not given on Mount Zion, but on Mount Sinai.

The connection to the previous proof-text is not immediately obvious to the reader. Wilhelm and Wilhelmi propose that *upon all the land* provides the associative link to the geographic imagery of the passage quoted in §63 (op. cit.: p.58, n.19). In any event, Gilbert continues his effort to show that Isaiah referred to the role of Jesus in his prophecies. The argument that the Torah ("instruction") referred to by Isaiah cannot come forth from Zion because it had been revealed at Sinai strikes the modern reader as tenuous at best.

[64] Therefore, which law comes forth from Zion if not the law of the New Testament, given by Christ, which has been announced from these places [and] spread throughout the entire world? He said, "*Stay in the city until you have been clothed*

[54] Is. 2:3

with power from on high.[55]" And as he was about to ascend into heaven, he said, "*Go into all the world and preach the good news to all creation:*[56]" It is that good news, it is the Gospel, which went forth from Jerusalem. *Preach the good news to all creation. Whoever believes and is baptized will be saved.*[57]

[65] In this Gospel, the Lord taught [that] *His ways* [were] new ways. The old ways were, "*Eye for eye, tooth for tooth;*[58]" the new ways, "*If someone strikes you on the [right] cheek, turn to him the other also. And if someone ... take*[s] *your tunic, let him have your cloak as well.*[59]" The old ways were, "*Love your fellow*[60] *and hate your enemy;*[61]" the new ways are, "*If your enemy is hungry, feed him; if he is thirsty, give him something to drink.*[62]"

Not unexpectedly, Gilbert now concludes that the instruction and the word (תורה and דבר, respectively) that Isaiah refers to must be the New Testament. "These places" in §64 refers to Sinai and Zion. The "new law" consists of citations from the Sermon of the Mount. They are high-minded but unrealistic ideals that are at odds with the human condition outside the messianic age. The contrast between the Sermon of the Mount and Halakhah has often been used polemically by

---

[55] Luke 24:49
[56] Mark 16:15
[57] Mark 16:15-16
[58] Ex. 21:24
[59] Matthew 5:39-40
[60] Lv. 19:18
[61] Matthew 5:43
[62] Romans 12:20; Prov. 25:21

Christians to accuse Jews of rigid legalism, and by non-Christians to accuse the Church of hypocrisy.

[66] These are the ways of the Lord, these are the paths of the Lord on which perfect Christians walk. Granted, [only] few Christians now follow this life of Christian principle. Once kings kept it and, [along] with those kings, the nations subject to them. So what [happens], if some powerful person, someone violent, behaves badly and doesn't want to be set right? "*It is mine to avenge*," says the Lord, "*I will repay.*[63]" And how great is the severity of the divine retribution? Listen to the Psalmist: "*Let our God come and not fail to act! Devouring fire preceded Him; it stormed around Him fiercely.*[64]"

[67] Yet, in regard to *the days to come*[65], to *the end of the age*[66], the following frightful and much harder prophecies were [made] by Christ and by the prophets before Christ: "*Nation will rise against nation*," he says in the Gospel, "*And kingdom against kingdom. There will be great...pestilences* and famines...*and signs.*[67]" *If those days had not been cut short, no one would survive.*[68]

[68] Therefore, in Daniel's last vision of the end of time and that unbearable tribulation at the end of the age, it is written as follows, "*The king will do as he pleases; he will exalt and magnify himself above every god, and he will speak awful things against the God of gods. He will prosper until wrath is spent.*[69]" And a little later it says, "A time shall come *the like*

[63] Romans 12:19
[64] Ps. 50:3
[65] Mi. 4:1
[66] Matthew 24:3
[67] Luke 21:10-11
[68] Matthew 24:22
[69] Dan. 12:1

of which never has been from the beginning until that time." Further, it added about shortening the tribulation, "*How long until the end of these awful things? Then I heard the man dressed in linen…swear by the Ever-Living One…: 'For a time,* [two] *times, and half a time.*'[70]"

[69] Thus, in the final days, i.e. as the world's evening came [down], when *the time* [had] *fully come* [at which] *God sent his Son*[71] into the world, that primal peace, which was mentioned before (cf. §61: Is. 11:6), existed in the Church of God, and for a long time, it prevailed far and wide.

[70] Truly, around the end of the age, i.e. around the end of the last days, that discord throughout the world and the tribulation which were mentioned afterwards (cf. §62: Is. 10:22-23), will break forth and they will be severe. In fact, they've already begun to break out.

Gilbert concludes his retort to the Jewish argument that Jesus' arrival has failed to usher in the messianic age, by discussing the apocalyptic visions of Daniel. He quotes Daniel as witness that the peace and perfection of the messianic age must be preceded by a period of punishment for the wicked. He adduces Daniel's visions as illustrations of Isaiah's predictions. When Gilbert makes reference to the primal peace "that existed in the Church of God," he also links it to Isaiah's prophecy. What he may think of is the original Church before Christianity became the official religion of the Roman Empire, which, in

[70] Dan. 12:6-7
[71] Galatians 4:4

retrospect, looked less plagued by dissension and strife.

[71] We have now replied, in a few words and succinctly, to that which you proposed regarding the advent of Christ, and we will respond more fully when time and our reasoning give us occasion [for it].

[72] I concede willingly that it has been said that we must believe in only one God and call to witness in a full declaration of faith that it has been so stipulated. Still I have said and I still say that you ought to believe in Christ. We do not take the name of God in vain, because we attribute the name and veneration of divinity to no creature; and, if someone says it must be attributed [to a creature], we refute [him] completely. Still, I have said and still say that you ought to believe in Christ because it is a fact that Christ is God and man.

[73] Even though we believe that God connected to man in unity of person and that Christ is God and man, yet we believe [that there are] two natures in him; and we aver two wholly discrete properties of each nature. Remaining, of course, immutably what He was, God took on what he was not, *the word* which in the beginning…*was with God…through* which *all things were made, without* which *nothing was made, became flesh and made* [its] *dwelling among us.*[72]

[74] In this [i.e. the word] therefore, Christ is God, he is God's Son by his own strength, not through grace. Of the same substance as the Father, equal and eternal with [Him], existing before all times, and in him we believe. In this [i.e. the word] therefore, Christ [also] is man, he is God's son not by his own strength but through grace, inferior to God, *made a little lower*

[72] John 1:1,3,14

than the angels[73], within [the constraints of] time, born of a woman: In him, obviously made into man, we don't believe [as in God]. Likewise, because he is God, he could not die or suffer or be born; because he is man, he could be born and suffer and die, and he chose to [do so], and through the mystery of his passion he redeemed us from death.

Gilbert here, in §§72-74, discusses the nature of Jesus as both God and man in one person. This concept had been laid down as a dogma in the Nicene Creed of 320. Different opinions on this point had been the reason of many heretical versions of Christianity in the past, and the discussion of this issue was by no means over at the time of the dialogue. However, the official doxology of the Roman Church had been established and is here summarized by Gilbert. Various manuscripts of the Dialogue differ in details, but the thrust of the argument is not in question.

Gilbert's reference to "the word" as used at the beginning of the fourth Gospel refers to the Greek concept of logos (λόγος) as a divine principle. Logos means more than "word" and has some greater semantic overlap with the Hebrew davar (דבר). The attempt to complement the Tanakh's anthropomorphic presentation of God with an abstract construct, was promulgated by hellenistically influenced religious philosophers such as Philo.

---

[73] Hebrews 2:9

[75] The Prophet Isaiah predicted that the Messiah would be God and man [when] he stated, "*Behold, I will found in Zion, stone by stone, a tower of precious cornerstones.*[74] *The one who trusts in him will never be put to shame.*[75]" He says, "Stone," and in all clarity continues, "*The one who trusts in him will never be put to shame*[76]. Thus, by "stone," shown as *precious cornerstones*, [the Prophet] quite certainly designates someone distinguished, [i.e.] Christ, the man.

The proof-text from Isaiah is taken from a passage in which the Prophet addresses the corrupt rulers in Jerusalem ("*You men of mockery, who govern that people in Jerusalem*!" Is. 28:14). This is an example of taking an isolated biblical verse out of context, then juxtaposing it with a citation from the New Testament (in this case from the First Epistle of Peter) in order to make the case that the proof-text from the Hebrew Bible refers to Jesus.

[76] But if he were merely man, the Prophet, who admonishes us to put our faith in a human being, would really recommend idolatry and profanity. But because in truth he is not merely a man, but God, too, [about] whom the Psalm says, "*Let none who look to You be disappointed,*[77]" therefore he adds, "*The one who trusts in him will never be put to shame.*[78]"

[77] Therefore, because Christ is man, he was placed *in Zion, stone by stone, a tower of precious cornerstones.*[79] *Stone by*

[74] Is. 28:16
[75] 1 Peter 2:6
[76] 1 Peter 2:6
[77] Ps. 25:3
[78] 1 Peter 2:6
[79] Is. 28:16

stone, because "*he committed no sin, and no deceit was found in his mouth.*[80]" A *cornerstone*, because "he *will justify the circumcised by faith and the uncircumcised through that same faith,*[81]" [a stone that] brings together the two walls and unites the two peoples into one. A *precious stone* because his death was worth so much with God that He took *away the sin of the* [whole] *world.*[82]

> Here, again, is an example of allegorical exegesis: Selected verses from Isaiah, Psalms and New Testament are combined to prove that Isaiah's cornerstone refers to Jesus and, by extension of the image, the circumcised and the uncircumcised are two walls brought together by the cornerstone.

[78] But although he was a man, he was *stone by stone, a tower of precious cornerstones*, and we believe in him because, as I have said, we believe that Christ is God and man. Because he is also God—whence follows: *The one who trusts in him will never be put to shame*—we won't come to harm if we believe in him with the veneration owed to Godhead.

[79] But because you state that we are contradicting ourselves by both asserting and denying (or, in reverse, by both denying and asserting) that God is both single and triple, we [hereby] affirm in the strongest terms that he is not called one and triplicate because we insinuate no triplicity into God. Rather, we call him a unity and trinity, because we believe that there is a trinity of persons in the unity of the Deity. But why one must not say triplicate, but can say Trinity, we will discuss in its

---

[80] 1 Peter 2:22; Is. 53:9
[81] Romans 3:30
[82] John 1:25

place, and, when we discuss it, we'll argue with reason and [based on the] authority [of Scripture].

Faith in the Trinity also was affirmed as Christian dogma at the Nicene Council of 320. It is a complicated construct and can provoke the accusation of polytheism. It is for this reason that Gilbert rejects so forcefully the conclusion that the triune Deity might mean three gods. It bears mentioning that the Trinity is not mentioned in the New Testament (and certainly not in the Hebrew Bible), and that Christians' rejection of the Trinitarian Godhead was a common heresy.

CHAPTER 3

Can the Incarnation of God be reconciled with the concept of God as developed in the Hebrew Bible? Also, remarks on how the virgin birth relates to original sin.

[80] **The Jew**: What rationale, what scriptural authority compels me to believe that God can become man or, once he's become man, that He could exist? If with God there is no *change like shifting shadows*[83], how can so great a change of things happen with Him that God becomes man, creator becomes creature, and that it is believed that the eternal has turned mortal? How, I ask, is [this to be] interpreted: "*Of old*, Lord, *You established the earth; the heavens are the work of Your hands. They shall perish, but You shall endure…You change them…and they pass away. But You are the same.*[84]" How is God always the same if He can become changed into man?

[81] If God is unending, how could He be circumscribed in the puny little measure of human limbs? If God is unlimited, by what kind of argument can it be said that, limited in his

[83] James 1:17
[84] Ps. 102:26-28

corporeal dimensions, he could *in toto* be held enclosed in one maternal womb? Furthermore, if nothing greater and more sufficient than God can be imagined, by what necessity was He forced into participating in human misery and made sharer and sufferer in such great tribulations? Finally, if God became man, how will stand what He Himself said to Moses: "*For man may not see Me and live*?[85]" there seems to be a contradiction that God became man and could not be seen by man or even his very mother. For it may be discounted, as you assert, that about God there should have been anything absurd.

[82] Therefore we stipulate that it is in no way lawful to contrive such things about God, much less to say or proclaim them. Neither does reason permit this to happen nor is there any scriptural authority in evidence which would lend support or credence to this your error. That prophecy by Isaiah, which you so very badly distort in order to fit your understanding, [reads like this] "*Look, the young woman is with child and about to give birth to a son. Let her name him Immanuel*[86]—which means, '*God with us*,'[87]" what does [this proof-text have to do with] where we're at?

> In the Septuagint's Isaiah 7:14, the Hebrew word עלמה almah (young woman) was translated into πάρθενος, Greek for virgin or young woman, which, in the Vulgate, became virgo. The Hebrew original does not support the dogma of the virginal birth of anyone. As this verse from Isaiah (and its repetition in Matthew 1:23) is the only biblical citation Christians have found to support the

[85] Ex. 33:20
[86] Is. 7:14
[87] Matthew 1:23

contention of Jesus' miraculous birth, dismantling this point can dangerously undermine the entire concept of Jesus' divinity and, consequently, the dogma of the incarnation of God.

[83] [The Prophet] says: Not yet defiled by a man, but betrothed to a man, a [young woman,] still a virgin, shall conceive and give birth to a son. We readily accept that [this] is said about the Messiah: "*Let her name him Immanuel,*" meaning [that] he shall be of so much dignity and grace with God that in him and through him the Lord, i.e. the Lord's goodness, may be with us. Whenever you say for the rites of your masses, "The Lord be with you," does it follow immediately that God becomes man or, once He's become man, remains [so] in the crowd? The Prophet therefore, when he announces the matter in holiness and foretells the eminence of the Messiah to be born, stated that there would be nothing absurd about him, nothing that would be against nature.

[84] Letting no trace of a wicked suspicion come up, [the Prophet] said, "*Look, the young woman shall conceive.*[88] With what presumptuous temerity then dare anyone write what in no way the Prophet dared say, [namely] that a woman would conceive from God and would give birth to a son conceived from God? The Prophet said, "*She conceived and bore a son.*[88]" You throw together a conclusion [to fit] your understanding and then keep spreading your fiction: "And after the birth, she remained a virgin." What is nowhere said by the Prophet—you assume it. It's an outrage that with so shameless a face you interpret the Prophet's holy words in this manner, drawing conclusions according to the will of men.

[88] Is. 8:3

[85] **The Christian**: In [the case of this particular] mystery, we fear no factual contradiction, [and] we fear no contradiction of Scriptures. [It's true,] we [Christians] may, at times, lose sight of scriptural authorities. Still, [based] on these authorities we can, with God's help, in every manner build [our case] that God became man and was seen by people. Because thus, openly and without any ambiguity, declares the Prophet Jeremiah: "*This is our God; no other can be compared to him! He found the whole way to knowledge, and gave her to Jacob his servant and to Israel whom he loved. Afterward she appeared upon earth and lived among men.*[89]" "*Afterward*" means: Given after the Law; after the *way to knowledge* had been given *to Jacob his servant and to Israel whom he loved*, He became man *and lived among men*. He was born by a virgin, while the mother's womb remained closed and the Godhead was unharmed.

The last statement in §85 has been understood as meaning that with Jesus' birth by the Virgin Mary, neither Mary's virginity nor God's divinity was diminished in any way (Wilhelm KW, Wilhelmi G: op. cit., p.68, n.31). Gilbert admits, to his credit, that Christians occasionally lose sight of the scriptural base for their articles of faith. But he hastens to add that this does not mean that such scriptural support is lacking. To demonstrate this point, he curiously uses a proof-text that was not included in the canon of the Hebrew Bible. The citation from Jeremiah is actually taken from the Apocrypha, in this case the Apocalypse of Baruch, written either after the destruction of the Second

[89] Baruch 3:35-37

Temple by the Romans in 70 CE, or after the Maccabean Revolt. The text had been ascribed by its author to Baruch, the secretary to Jeremiah who had lived in the sixth century BCE at the time of the destruction of the First Temple.

The translation of the apocryphal proof-text is taken from http://www.pseudepigrapha.com/apocrypha_ot/baruc.htm.

[86] The Prophet Ezekiel says, "*And the Lord said to me: This gate is to be kept shut and is not to be opened! No one shall enter by it because the Lord, the God of Israel, has entered by it; therefore it shall remain shut. Only the prince may sit in it and eat bread before the Lord.*"[90] Therefore, a virgin conceived because the *gate is to be kept shut and...no one shall enter by it*.

Another example of allegorical exegesis *par excellence*: The closed door as a figure of speech representing virginity.

[87] After [giving] birth, she remained a virgin *because the Lord, the God of Israel, has entered by it; therefore it shall remain shut.* The Lord Himself, *the God of Israel, has entered by it,* and became man as the Psalm says, "*Like a groom coming forth from the chamber,*"[91] and even though he was man, he [still] was Lord. And as another Psalm says, "*Released among the dead*"[92] so that He may *eat bread before the Lord.*

[90] Ez. 44:2-3
[91] Ps. 19:6
[92] Ps. 88:6

What bread? "*My food,*" it says, "*is to do the will of*[93] *my Father in heaven.*"[94]

Once the allegorical interpretation of §86 is set down, the exegete can build on it freely.

[88] "*God with us (Immanu-El)*[95]"—this does not [mean what] we say in our Holy Masses: "The Lord be with you (Dominus vobiscum)," but what Isaiah says elsewhere more clearly: "*A child has been born to us, a son has been given us…his name was called Wonderful Counselor, Mighty God, Everlasting Father, Prince of Peace.*[96]" Because he had been conceived [in a] new way, and not the usual one, and because it was such a great mystery, the Prophet prefaced it as follows: "Because of this, the *Lord will give you a sign of His own accord! Look, the young woman is with child*"[97] etc.

Isaiah 9:5 (or 9:6 in Christian Bibles) (*his name was called Wonderful Counselor, Mighty God, Everlasting Father, Prince of Peace)* is frequently cited by Christian apologists as a prime example of a prediction of Jesus as the Messiah. The context of the pericope clarifies, however, that Isaiah talks about King Hezekiah. The grammatical clue is the past tense in both "*has been born*" and "*was called.*" It is implausible that these verbs would refer to a future event. In Isaiah 7:14, the word concipiet (*will conceive*) in the Vulgate represents a

[93] John 4:34
[94] Matthew 16:17
[95] Matthew 1:23
[96] Is. 9:5-6
[97] Is. 7:14

translation of the Hebrew "and she will give birth to a son" which the JPS renders: *is with child.*

[89] For none of the faithful may discuss that nonsense, conceived and invented in your [people's] thinking, [namely] that she conceived from the essence of God. Nor may one think that she conceived from God, i.e. that she conceived through the power and strength of God, just because she did not conceive in the human way or by a man's semen. For He who created the first man without the semen of man, out of nothing, was able to create the man Christ without a man's semen out of someone [who already existed], i.e. out of his mother's flesh. And since, if he had been conceived in the human way, he would not have been immune from original sin and would not have been "*released among the dead*[98]," it was necessary that—in order for him alone to be *released among the dead,* as the Psalmist says, and to be free from sin—he be born without sin, i.e. without sexual intercourse, from a virgin.

[90] [Let me emphasize] that these statements (about the virgin birth etc.) have been made without preconceived notions, because we hold on to the scriptural proofs as they have to be placed in their context. Moreover, the highest necessity of reason demanded that God should become man and restore us through the mystery of his incarnation to life. Thus He became man, not ending what he was, but taking on what he was not. We say that God became man not by change of divinity into flesh, but by the assumption of humanity into God.

Gilbert reasons here that both the scriptural proof-texts and logical reasoning force the conclusion that God had to become man. His citations from

[98] Ps. 88:6

the Hebrew Bible were put forth in §§88-90. The logical deduction is following farther down out of the doctrine of original sin.

[91] Just as the mind and the body, in the unity of the person, constitute one man, although the mind is entirely of one kind and the flesh of another, and the mind is not turned into flesh nor the flesh into mind, but, with each kind staying the same, the unity of person is preserved, so too do God and man, in the unity of the person, constitute the one Christ. While God would not be changed into a man nor man into God, yet, while the nature of God and man is divided, the undivided unity of the person of God and man is preserved and worshiped. For all that turns somehow different from what it was, does not [completely] cease being that which it had been.

Incarnation is not to be understood as a mixture of divine attributes and human attributes, nor as a transmutation of divine and human characteristics respectively. Rather, Gilbert avers here that Jesus is both fully divine and fully human. This teaching is Catholic dogma to this day.

[92] When certain features [of a person] change, when [for instance] a black man becomes white or a white one black, as one feature takes over, the other one disappears altogether. By contrast, when a man takes on arms or takes them off, or puts on clothes or strips, or vice versa, the person takes on or sheds something but does not *per se* change in any way.

Here Gilbert engages in some semantic hermeneutics. The word "change" can refer to a substantive change on the one hand, or an addition or removal of attributes without a change in identity on the other. The argument seems to be that, by changing into man, God still remained God.

[93] God, therefore, elevated man into the unity of the person [of Jesus], through His inherent goodness, not ours, and out of the great neediness which is ours, not His. And [this occurred] for sensible reasons that are weighty and that you must accept [as valid, regardless] whether you want to admit or reject, based on your reasoning, what you hear. The authority of Scriptures will be put to you, not literally interpreted and yet so obvious that you won't be able to think of anything that can be adduced against it.

This is an introductory section to Gilbert's explication of the Christian doctrine of original sin. Original sin, in turn, provides the foundation for the logical necessity of Jesus' role to which Gilbert had alluded earlier in §90.

[94] You know how Genesis states very clearly in what manner the first man was created and how he was standing out by his dignity and eminence, and how he had been placed above the other living things of the earth. "*Rule the fish of the sea*," He said, "*the birds of the sky, the beasts of the earth* and every reptile…*that creep*[s] *on earth.*[99]" He received one negative commandment from God: "*Of every tree of the garden you are free to eat; but as for the tree of knowledge of good and bad, you must not eat of it; for as soon as you eat of it, you shall*

[99] Gn. 1:28

die.[100]" It was not easily understandable why this proscription came with such a curse [in case of violation]. Still [i.e. in spite of the threat of the curse], forced by no necessity, but moved by his own volition, bending to his spouse's preference, he preferred to obey his wife rather than God's commandment.

[95] She had picked it and eaten, *she...gave some to her husband and he ate*[101], and both of them, by eating what was forbidden, were going to experience the curse of death and damnation. By disobeying God, Adam rejected every right that had at first been granted to him. He could feel that the yoke of his power over the other creatures was gone. And, as he had already lost his dignity, he felt ashamed of his nakedness, and, running for the leaves of a fig-tree, he covered the embarrassing exposure of his limbs. Thus, after being seduced by the adversary and shamefully subdued by the adversary, they were soon driven out of the paradise of pleasure where they had been. The entrance to Paradise was barred and there was *stationed...the fiery ever-turning sword, to guard the way to the tree of life.*[102] Thanks [be] to God because that sword, fiery though it was, was yet not stuck in place forever, but was ever-turning, because at some time it was to be removed by the grace of God.

In §§94-95 Gilbert summarizes the Christian argument of the original sin. When Adam and Eve ate the fruit from the Tree of Knowledge, their transgression meant that mankind was henceforth burdened with guilt from the days of creation.

---

[100] Gn. 2:16
[101] Gn. 3:6
[102] Gn. 3:24

[96] Next, the unfortunate and miserable parents (Adam and Eve) gave birth to sons borne under the same condition of death and misery. *Man was born to trouble*,[103] man died to trouble. In sin he was conceived, in pain she bore children, he was born to hardships and trouble. "*By the sweat of your brow*," said the Lord to Adam, "*shall you get bread to eat, until you return to the ground—for from it you were taken. For dust you are, and to dust you shall return.*[104]" And the good Job said, "*Man born of woman is short-lived and sated with trouble. He blossoms like a flower and withers; he vanishes like a shadow and does not endure.*[105]"

Not only is mankind, in the aggregate, burdened with the original sin, but every newborn baby carries it *de novo*.

[97] When [people] died after this life, however it may have been, where did they go? No one [went] to heaven, but all to hell—the righteous ones, however, in good hope that they would be rescued from the netherworld through Christ and that, through Christ, they would merit being carried back to the higher [levels] into heaven. Hear our most eminent ancestors witness to this in a clear voice: "*I will go down*," says the Patriarch Jacob, "*mourning to my son in Sheol.*[106]" And elsewhere, to his sons, [he says,] "*You will send my white head down to Sheol in grief.*[107]"

The proof-text from Genesis states that Jacob expects to "go to Sheol" after death, that this

[103] Job 5:7
[104] Gn. 3:19
[105] Job 14:1-2
[106] Gn. 37:35
[107] Gn. 42:38

implies a descent and that he will be mourning. There is no mention of hell or heaven, and no hint of later redemption by Jesus.

[98] And the good Job like whom *there was no one on earth*[108] by God's testimony: "*Sheol*," he said, "[is] *my home, and* [I made] *my bed in the dark place*.[109]" Still, raised by the hope of liberation, he added a little later, "*But I know that my vindicator lives*, and on the last day, I shall be raised up from the earth.[110]" He who witnesses to the Redeemer will not deny that he had [at first] been enslaved and captured, [but now] has been redeemed.

Job does not refer to hell or heaven either, although he does make Sheol sound like a rather gloomy place. The reference to his being raised is not found in the Hebrew Bible but only in the Vulgate.

[99] And listen to the good [King] David: "*God will redeem my life from the clutches of Sheol, for He will take me*,[111]" and he says that, once taken from the netherworld, his soul would also be redeemed from the netherworld. And at another place he says in exultation, "*O Lord, You brought* [my soul] *up from Sheol, preserved me from going down into the Pit*.[112]" Of whom does he say, "You brought [me] up, preserved [me]," if not Him of whom he says in another Psalm, "*Extol Him who rides*

[108] Job. 1:8
[109] Job 17:13
[110] Job 19:25 (the latter half-sentence reflects the Vulgate, but neither LXX nor Hebrew)
[111] Ps. 49:16
[112] Ps. 30:4

the clouds; the Lord is His name?[113]" And since he didn't want to ride the clouds alone, listen to what the Psalmist added: "*When He ascended on high, he led captives in his train.*[114]" Hezekiah, too, was going to die and said, "*I had thought: I must depart in the middle of my days; I have been consigned to the gates of Sheol.*[115]" Later, he added, "*You saved my life from the pit of destruction.*[116] This, I'd say, was the hope of the righteous who died at the time: For nobody [went to] heaven, but all who died [back] then descended into hell.

The final chapter on the topic of original sin explains that it meant man would inexorably go to hell. Gilbert uses the occasional reference to Sheol in the Hebrew Bible as a synonym for Hell. In fact, the Hebrew Bible is silent on the nature of the Hereafter. Concerns about resurrection of the dead and life after death became issues of religious importance only later in Second Temple times when most of the Tanakh was already written. The emergence of this concern parallels the gradual shift of emphasis from the corporate orientation of the pre-exilic Israelite religion to the more individualistic orientation of Judaism in the Second Commonwealth. For groups like the Pharisees, the question of an afterlife seems to have been of critical importance. Theodicy and questions of reward and punishment by means of a postmortal fate emerged even later. The consignment of individual characters in the

[113] Ps. 68:5
[114] Ephesians 4:8; Ps. 68:19
[115] Is. 38:10
[116] Is. 38:17

Hebrew Scriptures to Hell is unsupported by the sources.

[100] So it was necessary that atonement be made for the original transgression and annulment of such great sins, not, in fact, by means of the merit of created man, but through the inherent goodness and grace of the supreme creator. Man had to be restored so that he would not die for eternity. But he could not be restored unless God assumed human [nature], underwent [the constraints of] our needs, became Himself our advocate against the adversary and brought our case to conclusion, carrying on the matter of our action and fending off the adversary not by persuasion but by the just judgment of reason. Man, therefore, needed to be restored to God, and [this had to be effected] through man who had removed himself away from God (as a consequence of the original sin).

[101] Who, however, of [all] men, born out of the common mass of lost [mankind], would be able to fulfill this, [i.e.] to restore [to the original state of grace] the remaining mass of the human race? Anyone's righteousness would hardly be sufficient. [Even] *the newborn is not immune from sin whose life on earth has only lasted one day.*[117] Because, if a new man—be he someone born somewhere else, or a man made angel—were to liberate man, he (i.e. the liberated person) could not, in this way, be restored to a pristine state of everlasting dignity. For man (before committing the original sin) was—not by nature but through the gift of reason and freedom—created on a par with angels, and, for that reason, was obligated to be a servant only to God the Creator. He could not be restored to such a state of freedom through [the agency of] man or angel, because it is [generally] held that you're

[117] Job 14:4-5 (LXX)

obliged to serve him by whom you've been redeemed from servitude.

> Man in Paradise owed allegiance only to God. In order for man to be restored to this original state, the redeemer must be God because if it were, say, an angel or some extraordinary human being, the redeemed person would now owe the angel or human savior allegiance. This, however, would mean that he has not been restored to the original state. It is by way of this reasoning that Gilbert buttresses his point that the Messiah must be God Incarnate.

[102] Because man's full restoration could not occur through another person, it was necessary that the Creator should come to the assistance of His creature, that the Creator would support His creature so that man, restored through the Creator Himself, would remain obliged to serving his Creator alone and the adversary would, by right, [have to] let go of the sway he held over the human race. For the adversary had found nothing of his [kind] in Christ, who had neither been conceived with iniquity nor born in sin nor attracted any stain of sin in his life.

[103] Thus, because Death, in his unjustified presumption, went for and pounced on him in whom he (Death) had found nothing of his [kind], he kept absolutely none of his right in him. Rightfully he lost the legal claim that he had held against the first man and his progeny since the first man's sin. Therefore, the death of Christ, and thus of original sin, was the sacrifice of atonement for the Father, and complete and undiminished restoration for the human race has ensued. Through his demise, the entrance to Paradise has been

unlocked, that ever-turning and fiery sword has been removed. Already attached to the pillory of the cross and dying, he said to the criminal [next to him], "*Today, you will be with me in paradise.*[118]" Then was fulfilled what the Prophet Hosea said: "*O death, I will be your death; I will be your sting, Sheol.*[119]"

> Death is personified and equated with the Adversary or Satan. For proof that since Jesus' crucifixion man is no longer condemned to hell, Gilbert quotes Jesus on the cross as he predicts a reunion in Paradise for the crucified man next to him. The proof-text from Hosea in both LXX and Masora is correctly translated as *Where* (אהי) *are your plagues, death, where is your destruction, Sheol?*

[104] We had the mystery of this our restoration promised [to us] in the Prophets, sometimes in figurative [language], other times by means of verbal allusions, other times again through an overt promise. When, in those first times, God spoke to Abraham about this mystery, He said, "*All the nations of the earth shall bless themselves by your descendants.*[120]" In Christ who was to emerge from his seed *all the nations of the earth shall bless themselves*:[121] For the entire human race, lost due to the curse upon its first parent, is absolved from that curse by him and is restored to its prior [state of] blessing and grace.

[105] No nation is blessed in Isaac, no nation is said to have been subject to his power. In David, now, and Solomon, who were the most courageous and most powerful of all kings of this land, how are all the nations blessed when all nations

---

[118] Luke 23:43
[119] Hos. 13:14 (Vulgate)
[120] Gn. 22:18
[121] Gn. 26:4

except the Jewish one lived in enmity with them and were always fighting against them? It would be a waste [of time] to mention any of their successor kings who fled, were captured and disinherited. It is a fact therefore that in Christ these [promises] are recognized and, once recognized, are completely fulfilled.

Gilbert claims that none of the descendants of Abraham had proved themselves worthy of the prophecy made to Abraham that *all the nations of the earth shall bless themselves by your descendants*. He dismisses Isaac in that regard, skips Jacob and Moses, and briefly mentions David and Solomon. The successive monarchs in Israel and Judah are not found worth mentioning, although the historical books of the Bible describe Kings Hezekiah and Josiah as rather outstanding rulers. For Gilbert, the whole point of the exercise is his conclusion that none other than Jesus can be said to fulfill the prediction God gave Abraham.

CHAPTER 4

An argument about the Trinity and the Unity of God in Christian theology.

[106] **The Jew**: You do violence to Scripture, and you twist Scripture to the support of your faith. The Prophet Ezekiel clearly refers to a gate and speaks about a gate; you refer to a woman and carry on about a woman as you please. These topics are far removed [from each other], and through no similitude can they be brought close together.

[107] Finally, in your last example, your whole argument about the origin of the Messiah is clearly rebutted. For God said to Abraham, "*By your descendants*" [=by your seed]—i.e. through the Messiah who was to emerge from his seed—"*all the nations of the earth shall bless themselves.*" God said that the Messiah was to emerge from Abraham's seed, [but] you say that [Christ] originated without any man's semen. But move on to your remaining scriptural proof-texts, [and let's see] whether some may be more clearly stated and more supportive of your opinion and faith.

One more time, the Jewish protagonist takes on the Christian technique of allegorical interpretation as self-serving. Then he makes the argument that Gilbert's linking of Jesus to Abraham conflicts with the Christian dogma of the virgin birth: How can Jesus be a descendant of Abraham if no sperm was involved in Jesus' conception?

[108] **The Christian**: One replies appropriately to counterarguments by addressing them step by step and answering them. We say that the Prophet Ezekiel spoke figuratively about that gate since in no way can be taken literally what is said about that gate: *And the Lord said to me: This gate is to be kept shut and is not to be opened! No one shall enter by it because the Lord, the God of Israel, has entered by it; therefore it shall remain shut. Only the prince may sit in it and eat bread before the Lord...He shall enter by way of the vestibule of the gate, and shall depart the same way.*[122]" Nobody can understand these [words] literally.

[109] If the Lord, the God of Israel, says through the Prophet, "*The heaven is My throne and the earth is My footstool,*[123]" and elsewhere, "*I fill both heaven and earth,*[124]" if, I say, the Lord, the God of Israel is wholly omnipresent, from where did He enter by that gate and whither did He depart by that gate? If God is unlimited, how can it be taken literally that He sits in the gate? How will it be shut to the prince, if the prince himself, *the Lord, the God of Israel,* [having] *entered by it...may sit in it and eat bread before the Lord*?" What bread, or bread of what kind, where made or where offered, does the Lord, the God of Israel, eat, eat, moreover, *before the Lord*?

[122] Ez. 44:2-3
[123] Is. 66:1; Acts 7:49
[124] Jer. 23:24

Who else is this "Lord" that the Lord, the God of Israel, would eat bread before him?

[110] Because this can't be understood literally, something else is to be understood by the gate when all these [words] are to be considered and, once considered, interpreted to make sense.

[111] Therefore, *the Lord, the God of Israel,* [having] *entered by that gate,* departed and came out to us because God became man in the virgin's womb, out of the flesh of the virgin (for otherwise he wouldn't have been free from the original sin), as it is said in the Psalm: "*Like a groom coming forth from the chamber,*[125]" he came out to us as a man. And Jeremiah witnesses: "[He] *appeared upon earth and lived among men.*[126]" The *gate is to be kept shut,* because it shall be shut to a man, [and] *no one shall enter by it. Shut to the prince*, it shall serve to let him enter by it *because the Lord, the God of Israel, has entered by it*. Neither before the conception and birth of Christ was his mother known by a man since the *gate is to be kept shut and...no one shall enter by it;* nor after the conception and birth of Christ was his mother known by a man since *it shall remain shut,* and, shut, it shall serve [only] the prince.

The line of argument is, by now, familiar: Because the literal reading of the text is at odds with a dogma recognized by both Jews and Christians, namely God's omnipresence, it is necessary to go beyond the plain meaning of the text. This far, the Jewish protagonist would be in agreement. But the next step—equating the gate with the entrance to

[125] Ps. 19:6
[126] Baruch 3:37

a virgin's womb—strikes anyone who is not *a priori* convinced of the truth of the virgin birth of Jesus as fanciful and far-fetched.

[112] And since this whole mystery of the Lord's incarnation was enacted solely through divine power, without human contamination, the Prophet Isaiah states elsewhere: "*Pour down, O skies, from above! Let the heavens rain down victory! Let the earth open up and triumph sprout.*[127]" "Pour down," he says, and "heavenly skies," this is only through the creation and work of God, like he adds a little later: "*I the Lord have created it*, open is the earth, just like the virgin's womb, and *it brought forth the Savior.*[128]

[113] *Only the prince may sit in it,* because in this humanness which Christ assumed for our sake he received the reign over everything. In the Psalm it is said: "*You have made him little less than divine, and adorned him with glory and majesty; You have made him master over Your handiwork.*[129]" He ate *bread before the Lord,* doing the will of his Father who sent him to us. Regarding this [issue of] "the Lord" and [another] "Lord," it says in the Psalm, "*The Lord said to my lord, 'Sit at My right hand.'*[130]" [As to the question of] which Lord would say this and to which Lord he'd say it, listen [for an answer even] more obviously in another Psalm: "*The Lord said to me, 'You are My son, I have fathered you this day. Ask it of Me, and I will make the nations your domain; your estate the limits of the earth.'*[131]"

---

127 Is. 45:8
128 Is. 45: 8 (Vulgate)
129 Ps. 8:6-7
130 Ps. 110:1
131 Ps. 2:7-8

> Psalm 110 (*The Lord said to my lord…)* is a popular proof-text used by Christian missionaries to show that the two-persons-in-one concept of God and Jesus was preformulated in the Psalms. The Hebrew original does not support this argument: The first "Lord" (capitalized) is a translation of the tetragrammaton (יהוה), whereas the second "lord" is a translation of adoni (אדני), which means "my lord" or "my master."

[114] Thus, the Lord is Father, the Lord is also Son. But to God there is nothing extraneous added and with God there is no alternation of times or changeability and in God no diversity of essence can be conceived of. (For who would join together diverse [items] in God?). In short, none of this is in God, but whatever is in Him, it is entirely of one and the same substance, by virtue of existing before all else and enduring after all else. It follows then that, as the Father is God and the Son is God, he is co-eternal and of the same substance. There are, however, not two gods, but one God, because Father and Son are not of different, but entirely of one and the same substance.

[115] The same must also be understood regarding the Holy Spirit. You clearly read in many places in Scriptures what the Holy Spirit is: "*The spirit of God [swept] over the water.*[132]" And elsewhere: "*By the word of the Lord the heavens were made, by the breath of His mouth, all their host.*[133]" And elsewhere: "*For a holy and disciplined spirit will flee from deceit.*[134]" And in many other locations of the Old Testament

[132] Gn. 1:2
[133] Ps. 33:6
[134] Wisdom 1:5

there is mention and discussion of the Holy Spirit. Because the Spirit of God is not of a different substance than God, but God and His Spirit are entirely of one and the same substance, he is equal, co-eternal and of the same substance (everything of substance about God is wholly one and the same throughout—because from whom would God absorb anything different from Himself?), because, I say, this is so, it follows that God is the Father and God is the Son and God is the Holy Spirit. And yet there are not three gods, but one God: Father and Son and Holy Spirit.

The idea of two persons in one Godhead can now be expanded to include a third entity as well, the Holy Spirit. The resulting construct is the Trinity, which is at the center of the Nicene Creed. The biblical proof-texts cited refer to רוח (ruach) which encompasses a variety of meanings stretching from breeze or wind to breath and ultimately spirit.

One proof-text in §115 ("Wis. 1:5") is from The Wisdom of Solomon as translated at http://www.pseudepigrapha.com/apocrypha_ot/wisolom.htm. The Wisdom of Solomon is an apocryphal book written in Alexandria about the middle of the first century B.C., composed in Greek by an Alexandrian Jew (Freudenthal J: *What Is the Original Language of the Wisdom of Solomon?* J. Q. Rev. 1891;3:722-753).

[116] We don't assume a triplicate in the Deity's unity since "triplicate" revokes the unity of essence, whereas we [do] accept the [term] "Trinity of Persons" since Trinity of Persons doesn't negate unity of essence. [In other words,] it's more

appropriate to refer to a Trinity of Persons than to a triplicate of persons so that each person not be perceived singly, which, [in turn, could be] understood as "threesome."

[117] But since one may only discuss the unity of the Deity and the Trinity of Persons in the unity of the Deity among (Christian) believers, it is only among these that one can put forth what is discussed openly in the proper faith and based on the testimony of [scriptural] authority. Now let us proceed to the remaining scriptural proof-texts about the Messiah, if you don't mind. Afterwards let's go back to discussing these issues [which just now came up], to the degree possible. Although no human reasoning can comprehend this mystery, still, *we see but a poor reflection as in a mirror.*[135] *For...God's invisible qualities—His eternal power and divine nature—have been clearly seen, being understood from what has been made.*[136]

> Here Gilbert acknowledges a basic dilemma of interfaith dialogue between Jews and Christians. Much of the Christian argument implies the *a priori* assumption that the Christian concept of Jesus is true. This is a matter of faith. Unless that faith is shared, the Christian apologist's interpretation of proof-texts remains impossible to accept for a non-Christian.

[118] [As to] that other example which you put to us by way of rebuttal, nothing embarrasses us [there]. For if Christ's mother from whose flesh Christ received his flesh in her womb was descended from Abraham's seed, then still, he came into existence from a virgin mother, without any man's semen.

---

[135] 1 Corinthians 13:12
[136] Romans 1:20

Both the Gospels of Matthew and Luke contain detailed genealogies of Jesus that link him to Abraham and David. In Matthew's Gospel, the penultimate link does go through Mary, i.e. Jesus' mother—consonant with Gilbert's argument. Luke pursues a wholly patrilineal succession, basing Jesus' legitimacy on Joseph's lineage.

CHAPTER 5

An argument about the legitimacy of source texts.

[119] **The Jew**: If the Christians are supposed to read and interpret the Scriptures in regard to the Messiah in this manner, you will come up with much more that you can interpret in the same way. We don't know your literature, and it's quite likely that you say that many things have been written in your scriptures, which we don't believe have been written in ours. But if God were to give me and you a life [span to spend on this], I'd respond to you at greater leisure. We'd bring together copies of our respective books and look up those proof-texts. I confess that it would be the height of stupidity, no: of madness, if I or you were to resist the obvious examples and authoritative proofs of Scripture. For that reason it is, at present, not worth the trouble to go on arguing with you any further on this [last topic, i.e. the question of the Trinity.].

It would take more than a lifetime to get to the bottom of their differences on the question of the Trinity. So the Jew, reasonably, suggests tabling that topic, as Gilbert had done in §117. The more basic Jewish-Christian disagreement, concerning the nature of Jesus as a second person within the unity of God, is likewise impossible to resolve but a matter of faith.

[120] For, in fact, you Christians put forth so many [assertions] about the Law and the Prophets that aren't written in the Law and the Prophets. That [citation] that you quoted from Jeremiah, namely "[He] *appeared upon earth and lived among men,*[137]" and many [other claims] attached to this verse, Jeremiah didn't say, didn't write. If you [can] find that it was written in Jeremiah, then I concede that the other things were said truthfully, too. But if you can't find it in Jeremiah, then drop your animosity toward us, be ashamed of the falsehoods you invented against us, and acknowledge that the foremost truth in the Law and the Prophets remains with us.

As mentioned previously, the Book of Baruch was not included in the canon of the Hebrew Bible. It was, in fact, written a long time after Jeremiah's death, but "in the name" of Jeremiah's secretary, Baruch. The Apocrypha are included in the biblical canon of the Roman Catholic Church (though not in Protestant Bibles). So the Jewish protagonist has a valid point when he states that Gilbert culls proof-texts from a different set of scriptural source documents. The frequent citations from the New Testament present the same dilemma.

[121] And now this, which you Christians everywhere bring up against us, so sure of yourselves: "*Look, the virgin is with child and about to give birth to a son*[138];" Isaiah didn't say that,

---

[137] Baruch 3:37
[138] Is. 7:14 (LXX)

didn't write it, but rather: "*Look*, [*the young woman*], not further defined, *is with child and about to give birth to a son.*[139]" Still, even if Isaiah had said what you say, [namely] "Look, the virgin is with child and about to give birth to a son," still he didn't add what you add on your part, that she stayed a virgin while she conceived and that she remained a virgin [even] after giving birth. Neither Isaiah nor any other Prophet said this.

The objection to the virgin birth as a prophecy by Isaiah has already been dealt with (§82), and will come up again. In this section, the Jew characterizes the woman Isaiah talks about as abscondita which I have translated as "not further defined." His message is that the Prophet simply does not address the question of virginity at all. He then moves on to accuse Catholic dogma of creating articles of faith completely without scriptural support by summarizing the pronouncement of Pope Martin I (649-655) in the seventh century: "Whoever does not believe, according to the Holy Fathers and properly and according to the truth, in the holy and eternally virginal and immaculate Mary as the Mother of God…whom she conceived without semen, out of the Holy Spirit, and whom she bore inviolably, while her virginity remained invulnerable [even] after birth, be condemned." (Canon III, issued at the Lateran council in Rome in 649 CE)

---

[139] Is. 7:14

[122] **The Christian**: Because Christ is the truth, faith in Christ allows no falsehood nor is there any room for falsehood in Christ's church. What we profess to be written in the Law and the Prophets, we take to have been written by you[r people] in the Law and the Prophets. For Christ's church received the Law and the Prophets from you, and what it received from you it has kept unchanged through so many centuries up to these times. At the time of King Ptolemy of Egypt, seventy interpreters, then the most erudite scholars of your people, translated the Law and the Prophets from Hebrew into Greek, then later our [scholars] translated it from Greek into Latin, word for word and phrase for phrase.

[123] From those first copies, those first translators we received all that we have written in the Law and the Prophets. Read the new, read the old books of the Old Testament, read according to the Greek, read according to the Latin [manuscripts], nowhere in the Law and the Prophets will you discover any variations with us, but the very same truth everywhere, and you will find unity of the truth in the Law and the Prophets throughout the whole world with us.

[124] What I stated about Jeremiah, Jeremiah said and wrote. Christ's Church vouchsafes throughout the world that Jeremiah said this, and from the beginning of time and since your earliest translators, Christ's Church has received it this way and held on to it without any controversy [or] dispute. While it's not found in the book which bears Jeremiah's name as its title, Jeremiah still said it because he who wrote it wrote it from Jeremiah's dictation: Baruch, who was Jeremiah's secretary. Thus one reads in Jeremiah: "*So Jeremiah called Baruch son of Beriah; and Baruch wrote down in the scroll, at Jeremiah's dictation, all the words which the Lord had spoken to him.*[140]"

[140] Jer. 36:4

The authenticity of the source-texts seems to be at issue. But the key phrase is the first in §122: Christ is the truth. This statement, presumably based on John 14:6: *Jesus said, "I am the way and the truth and the life. No one comes to the Father except through me,"* is the central problem for the two disputants. If Jesus is the truth for one of the two speakers but not the other, then there is little room for a meeting of minds. All the subsequent arguments about the transmission of the biblical record are superseded by this dogma.

CHAPTER 6

Further remarks on the integrity of the biblical proof-texts supporting the disputants' positions.

[125] **The Jew**: As to those seventy scholars, there is nothing else recorded with us except that in Moses' times, Moses himself chose seventy men, elders of the people, upon whom he depended to be his assistants and judges of those disputes that occurred among the people. Neither did they teach Scriptures—because [Scriptures] did not yet exist—nor did they interpret Scriptures. As time and history went on, later there were with us David and the Prophets, who said and wrote a great deal; but what they said, they said in the Hebrew language, and what they wrote, they wrote in Hebrew script. And thus it is [still preserved] with us. Therefore, if someone has translated something in the Law and the Prophets differently from our version, and [the translation] holds [something] different from the original text, then he has translated falsely, and his translation cannot be authoritative. So, look where you get [your proof-texts] from since you don't have them from us.

The Jewish protagonist categorically repudiates the authority of any biblical source text other than the original Hebrew text, presumably as preserved in the Masoretic tradition. Incidentally, he dismisses the legend of the seventy-two sages translating the Torah into Greek for King Ptolemy (see below §126). The only group of seventy that he recognizes are the elders that Moses chose as judges, as recorded in Parashah Naso (Numbers 11).

[126] **The Christian**: We aren't claiming that those seventy men under Moses were translators, no, they were elders of the people and judges. Rather, we say that the seventy translators were those whom the people of the Jews sent, for this purpose, to Ptolemy, king of Egypt, after the Kingdom of the Jews had already been subdued by Antiochus, king of Egypt. These [Seventy] were sent by you to Alexandria, and in Alexandria they translated all the Scriptures that you then had from Hebrew into Greek. Perhaps it is still [the same text] with you, or it may have been changed or completely obliterated: I don't know. However, since the Law stipulates that "*a case can be valid only on the testimony of two witnesses or more*,[141]" it must obviously be conceded on your side that this testimony (i.e. the Book of Baruch) is valid. [After all,] seventy translators, approved witnesses of your nation, unanimously declare that it has been said and written in [the Book of] Jeremiah. They weren't even Christians!

According to the Letter of Aristeas, King Ptolemy of Egypt sent for translators to add "the laws of the Jews" to the library in Alexandria (http://www.pseudepigrapha.com/pseudepigrapha/aristeas.htm: §§10-11.). He asked the High

[141] Dt. 19:15

Priest of the Temple in Jerusalem to designate six representatives from each of the twelve tribes to undertake the task. The respective Greek translations by each of these seventy-two scholars were identical, according to legend, proving the divine inspiration and ultimate validity of the work which later was called the Septuagint (LXX) in honor of the seventy-two scholars. This entire myth only refers to the translation of the Pentateuch. The date is controversial, but generally put somewhere between 200 BCE and the late Maccabean period. It is unclear at what time Isaiah, Jeremiah and the other prophetic books, the Writings and the Apocrypha were translated.

Incidentally, there is no record of a King Antiochus of Egypt. Presumably, Gilbert thinks of the Seleucid Antiochus III, King of Syria (223--187 BCE), father of the famous King Antiochus (Epiphanes) IV, whose name is associated with the Maccabean revolt and Hanukkah.

[127] After all, at the beginning of our faith, your people, as competitors to our faith, was of great eminence; it had many men of the highest ability and men of great talent, very well versed in both tongues, Hebrew and Latin. Also, there were many gentile philosophers at the time who were equally learned in Greek, Hebrew and Latin literature. All rose up against our faith, raised questions, started wars and uprisings [against it]. They raised questions, I say, both privately and in public, frequently in general public events to which they were invited everywhere throughout the provinces. The Law and the

Prophets were at hand, proof-texts were cited [and then] being looked up and were discussed in both languages.

[128] Yet none of your [people ever] used this allegation to accuse them (i.e. the gentile philosophers) of [basing themselves on] a false translation because [such an allegation] could easily have undermined your credibility. Thus the gentile philosophers, although the [alleged] mistranslation had not even been brought to their attention, held the Prophets in low [regard and] rejected their words. Yet they tried, by means of verbal trickery, to damage our faith. The philosophers of your people could not rebut the Prophets nor did they want to do so. Rather, they (the gentile philosophers) said, also leaving out any reference to an [alleged] mistranslation, that Scripture had to be understood quite differently. They interpreted [it] in their sense, and they tried to coordinate the Prophets, their issues and times with their cause. But "*kings of the earth take their stand, and regents intrigue together against the Lord and against His anointed, ... nations assemble, and peoples plot vain things.*[142]" So far, so good.

As Abulafia and Evans (Abulafia AS, Evans GR [eds.]: *The Works of Gilbert Crispin*. London, Oxford University Press, 1986) point out, the issue of mistranslation had, in fact, come up, namely in the correspondence between Paolo Alvaro of Cordoba and Eleazar, the former Deacon Bodo of Louis the Pious, who had converted from Catholicism in 838 (Álvaro de Córdoba: Epistolae XVI:1. In Madoz J (ed.), Madrid, 1947). Gilbert here turns a reproach his Jewish partner brought up against him into an accusation he raises against

[142] Ps. 2:2,1

the gentile philosophers with whom Jews had to contend in the old days: They, i.e. the challengers, turned the words of the Prophets and distorted them so as to fit their agenda.

[129] Isaiah, animated by the same spirit in which Jeremiah wrote, prophesied the same in other words: "*Thus said the Lord God: Assuredly, My people shall learn My name, assuredly they shall learn on that day that I, the One who promised, am now at hand.*[143]" This means: "*I, the One who promised*" through Moses, "*who promised*" through the other Prophets, I will promise through my very self that I am "*now at hand.*" As to meeting him, the Prophet admonishes you elsewhere, "*Prepare to meet your God, o Israel,*[144]" when He comes. And he speaks about his arrival among us—listen—[even] more obviously: "*On those who dwelt in a land of gloom light has dawned.*" What light? I ask. Hear, without any ambiguous equivocation: "*A child has been born to us, a son has been given us.*[145]"

[130] Who, I ask, is this *child* [who] *has been born to us,* [the] *son* [who] *has been given us*?" Listen further: "*He* [shall be] *named Wonderful Counselor, Mighty God, Everlasting Father, Prince of Peace.*[146]" And of what kind of peace? "*In token of abundant authority and of peace without limit,*[147]" because it follows like this: "*Now and evermore.*[148]" "*I, the One who promised*, who have *found the whole way to knowledge, and*

[143] Is. 52:4,6
[144] Amos 4:12
[145] Is. 9:5
[146] Is. 9:5
[147] Is. 9:6
[148] Baruch 3:36

gave her to Jacob his servant and to Israel whom he loved, I *am now at hand*, made man, *lived among men*[149].

[131] Christ, because he is man, is the *child* [who] *has been born to us,* [the] *son* [who] *has been given us.* And because he is God, *He* [shall be] *named Wonderful Counselor, Mighty God, Everlasting Father, Prince of Peace—in token of abundant authority and of peace without limit...now and evermore.* If this child, just like any other child, had been conceived in iniquity and if his mother had given birth to him in sin, how would this child be different from another one, how would he alone be "*released among the dead,*[150]" how would the Prophet himself describe his origin as something beyond words ("*Who could describe his abode* [or: *birth*]?[151]" he asks)? But he was speechless at his birth and said that it was beyond words, because neither did his mother conceive him in iniquity, nor did his mother give birth to him in sin, but she conceived as a virgin, gave birth as a virgin, and he alone was "*released among the dead.*"

[132] Finally, you deny that the following is written in Isaiah: "*Look, the virgin shall conceive*[152] *and* [is] *about to give birth to a son,*[153]" [but] your seventy translators, witnesses approved in their faithfulness and skill, translated it this way, and the Prophet himself wanted it to be translated this way by saying and writing: "*Look,* [a woman] not further defined," as you say, "*shall conceive and [is] about to give birth to a son.*" For, if he understood "not further defined" in the common sense, i.e. [an ordinary woman,] one who's secluded at home, and nothing

---

[149] Baruch 3:37
[150] Ps. 88:6
[151] Is. 53:8
[152] Is. 7:14 (LXX)
[153] Is. 7:14

else, what would be miraculous, what would be novel in this conception, what kind of mystery would he have signaled by this conception? "*Assuredly, my Lord will give you a sign of His own accord! Look*, [a woman] not further defined (i.e. an unremarkable woman) *shall conceive and [is] about to give birth to a son. Let her name him Immanuel.*"

Here Gilbert refers to the Jew's use of abscondita as a "not further defined" or "unknown" woman and interprets it as referring to a secluded, unremarkable woman (Wilhelm and Wilhelmi, op. cit., p.100, n.85)

[133] *By the time he learns to reject the bad and choose the good, he will be feeding on curds and honey.*[154] If these words are understood literally and in the common sense, how will this child know, by eating curds and honey, how *to reject the bad and choose the good*? How does the consumption of curds and honey teach a person to tell good from bad? What does it add to the issue to say that this child ate curds and honey, if [Isaiah] wanted it to be understood literally? What sign would it be and a sign of what issue that a "woman not further defined"—i.e. some girl secluded at home—conceived? All these statements [come across as if] they had been made by the Prophet in an utterly childish and silly sense unless they are understood figuratively, spiritually and mystically.

The original text does not suggest a causative connection between the child's diet and his ability to make moral choices. It reads rather as an indication of his age (weaned, but not yet eating adult man's food) or a historical reference to a

[154] Is. 7:14-15

time when the land had been wasted and people had to revert to a diet of dairy and wild honey (cf. Barker K [ed.]: NIV Study Bible, 10th ed. Grand Rapids, MI, Zondervan, 1995, p.1021, note 7:14). The latter understanding is also implied in the JPS translation (Jewish Publication Society: Tanakh. Philadelphia, JPS, 1988): *By the time he learns to reject the bad and choose the good, people will be feeding on curds and honey*, but this rendering emends a new subject ("people") which is not found in the Hebrew. Gilbert's insinuation that the nutrients mentioned would enable the child to tell right from wrong is a demagogic straw man that he can easily debunk as "silly" a few sentences later on.

[134] Exactly because it's absurd to believe and say this, [did it happen that] "one not further defined" conceived, i.e. one "protected from a man's love-making and any defilement of sin!" So the angel replied as follows to the virgin. "How will this happen," she asked, "since I don't know any man?" And in answer, the angel told her, "*The Holy Spirit will come upon you and the power of the Most High will overshadow you.*[155]" He (the angel) said that he'd create a shadow for you, hiding you from all the heat of lust. For this reason, *the holy one to be born will be called the Son of God.*

[135] To him (i.e. to the Son of God) God the Father says in the Psalm, "*I have fathered you this day.*[156]" And because "this day" does not refer to the fleeting present, but He wanted it to be understood as the ever-lasting eternity, He says in another Psalm, "*I fathered you before sunrise.*" What [else is the

155 Luke 1:34-35
156 Ps. 2:7

meaning of] "*I have fathered you this day*" and of "*I fathered you before sunrise,*[157]" if not this: Before time and time-bound issues, I, God the Father, fathered you, God the Son, co-eternal [with Me], although I created you under time and under the condition of time as a man born by a woman.

> The citation from Psalm 109 represents a version found in the Septuagint only, not in the Hebrew text: εκ γαστρός πρὸ εωσφόρου εξεγέννησά σε. The Tanakh, in Psalm 110:3 (which corresponds to LXX 109:3), refers to "from the womb, from the dawn." The last statement in §135 includes wording that contradicts the Nicene doxology which stipulates that Jesus was "begotten, not created."

[136] In another Psalm, David briefly refers to these two natures in Christ: "*Truth springs up from the earth.*[158]" *Springs up from the earth*, means: He was born a man from a woman. But because *all men are false*[159], he is more than man who is [not only] not false but who is truth itself and God too. This child, therefore, as man and God, *will be feeding on curds and honey*[160], because, as the Psalm says it little farther up: "*Faithfulness and truth meet; justice and well-being kiss.*[161]" The curds stand for the grace of anointment and for mercy, and honey which, when used for healing wounds, cures by being eaten, signifies the severity of justice and truth.

---

[157] Ps. 109:3 (LXX)
[158] Ps. 85:12
[159] Ps. 116:11
[160] Is. 7:14-15
[161] Ps. 85:11

The combination of mercy and justice in the Deity is an original Jewish concept that Gilbert here transfers to Jesus. The interpretation of honey as a metaphor for "severity of justice" is rather surprising. The rationale is that honey relates to the painful condition of a patient to whom it is given as medicine. In other words, the tertium comparationis (TC)—the attribute which two terms in a comparison share, in this case harshness or severity—is represented not in the honey but in the condition of the recipient of the honey. (Hügli A, Lübcke P [Eds.]: *Philosophielexikon. Personen und Begriffe der abendländischen Philosophie von der Antike bis zur Gegenwart.* Reinbek, Germany, Rowohlt, 1991, p. 566)

[137] To be sure, Scripture says, *"[God] has mercy on whom He wants [to have mercy], and He hardens whom He wants [to harden].*[162]" Yet, that He has mercy on some and hardens others doesn't mean at all that there's a contradiction to justice or truth. The truth follows God's mercy and justice everywhere, and in Scriptures, [the word] truth is often used for one or the other. "*All the ways of the Lord,*" it says, "*are loving and faithful,*[163]" and, in another Psalm, "*His handiwork is truth and justice.*[164]" Because He either has mercy on whom He wants [to have mercy], and He hardens and punishes whom He wants [to harden and punish], He is true and just in showing mercy, and He is true and just in passing the deserved sentence of His justice. Christ, therefore, feeds *on curds and honey so that he learns to reject the bad and choose the good,* i.e. he

[162] Romans 9:18
[163] Ps. 25:10 (LXX)
[164] Ps. 111:7

causes it to be known how one *reject[s] the bad and choose[s] the good,*[165] giving *to everybody according to what he has done,*[166] rewarding the good and condemning the evil ones with the appropriate vengeance of punishment.

[138] Let's see, about this doctrine of the incarnation of the Lord, what the same Prophet says at another place, and we'll peruse the prophecy summarily: "*Lord, who has believed our message, and to whom has the arm of the Lord been revealed?*[167] *For he has grown, by His favor, like a tree crown, like a trunk out of arid ground. He had no form or beauty, that we should look at him: No charm that we should find him pleasing. He was despised, shunned by men, a man of suffering, familiar with disease. As one who hid his face from us, he was despised, we held him of no account. Yet it was our sickness that he was bearing, our suffering that he endured. We accounted him plagued, smitten and afflicted by God; but he was wounded because of our sins, crushed because of our iniquities.*

[139] *He bore the chastisement that made us whole, and by his bruises we were healed. We all went astray like sheep, each going his own way; and the Lord visited upon him the guilt of all of us. He was maltreated, yet he was submissive, he did not open his mouth; like a sheep being led to slaughter, like a ewe, dumb before those who shear her, he did not open his mouth. By oppressive judgment he was taken away, who could describe his abode? For he was cut off from the land of the living through the sin of my people, who deserved the punishment. And his grave was set among the wicked, and with the rich, in his death*[168]—though *he committed no sin and no*

[165] Is. 7:15
[166] Revelation 22:12
[167] John 12:38; (Is. 53:1)
[168] Is. 53:2-8

deceit was found in his mouth.[169] *But the Lord chose to crush him by disease, that, if he made himself an offering for guilt, he might see offspring and have long life, and that through him the Lord's purpose might prosper.*[170]"

Gilbert has introduced the fourth Servant Song of the Book of Isaiah. The previous Servant Songs have established the identity of the servant, viz. Israel: *But you, Israel, My servant, Jacob, whom I have chosen, Seed of Abraham My friend*[171]... The speakers, in the fourth song, are the kings of the nations. They are astounded that the Jewish people, whom all their nations have together despised and molested, will be vindicated and enjoy the promised salvation of God (Singer T: *Let's Get Biblical*. New York, Outreach Judaism, 1998, p.27). The kings of the nations actually start reciting the Song of the Servant in 52:13, saying: *Indeed, my servant shall prosper, be exalted and raised to great heights. Just as the many were appalled at him—so marred was his appearance, unlike that of man, his form, beyond human semblance—just so he shall startle many nations. Kings shall be silenced because of him, for they shall see what has not been told them, shall behold what they never have heard.* Only then do they exclaim, "*Who can believe what we have heard?*[172]" For this last half-verse, Gilbert substitutes the slightly altered version in the Gospel of John: *Who*

---

[169] 1 Peter 2:22 (Is. 53:9)
[170] Is. 53:10
[171] Is. 41:8
[172] Is. 52:13-53:1

has believed our message? The point is that, once this song is placed in its context within the Book of Isaiah, it becomes clear that the entire passage refers to the situation of Israel, the small, battered nation, buffeted by large powers, whose kings are amazed at the message that this ill-treated set of tribes is destined to have a great future. Nowhere is there any reference in Isaiah's text to suggest that the servant represents the Messiah.

[140] The Prophet saw how your spirits were closed to believing and he said, "*Lord, who has believed our message?*" and he shows what he had heard: "*And to whom has the arm of the Lord been revealed?*" In reference to this arm, the very same [Prophet] says elsewhere: "*The Lord will bare His holy arm in the sight of all the nations, and the very ends of earth shall see the victory of our God.*[173]" this arm of the Lord, this victory of God, about which it is said in the Psalm: "*I will place [them] in [a state of] salvation...I will act faithfully toward him,*[174]" to whom has it been revealed?

The proof-text of the Vulgate is a free translation from the Greek. In the Septuagint, the section from Psalm 12:6 (in LXX it is actually 11:6) reads: Νυν αναστήσομαι θήσομαι ... εν σωτηρία παρρησιάσομαι εν αυτω More literally, this means, "Now I will rise up, [and] in safety I will place him." The Hebrew text is somewhat obscure, but has been translated (JPS 1985) as "I will now act ... I will give help, He affirms to him."

---

[173] Is. 52:10
[174] Ps. 12:6 (Vulgate)

[141] For you rejected him who had been sent and come to you, as he himself had complained through the same Prophet Isaiah: "*An ox knows its owner, an ass its master's crib: Israel does not know, My people takes no thought.*[175]" Even more obviously, it is stated in the Psalm: "*Peoples I knew not must serve me. At the mere report of me they are submissive; foreign peoples cower before me; foreign peoples lose courage, and come trembling out of their strongholds.*[176]" For that reason you rejected him, because he was a man, because he was born a child.

"Foreign peoples" is the translation (JPS 1985) for "sons of strangeness." The Vulgate has filii alieni, which can mean either estranged sons (i.e. Jews) or sons from abroad (i.e. heathens), a play on the word alienus pointed out by Wilhelm and Wilhelmi (op. cit., p.104, n.93)

[142] It follows: *For he has grown ... like a tree crown.*[177] *A shoot shall grow out of the stump of Jesse,*[178] a tree crown grew when *Jesus grew in wisdom and stature, and in favor with God and men.*[179] And because his face of divinity was hidden under the veil of assumed humaneness, *he was despised, shunned by men. It was our sickness that he was bearing*, i.e. he took it away, it was *our suffering that he endured*, i.e. he carried it away.

[175] Is. 1:3
[176] Ps. 18:44-46
[177] Is. 53:2
[178] Is. 11:1
[179] Luke 2:52

[143] *But he was wounded because of our sins, crushed because of our iniquities.*[180] [In reference to this proof-text,] the Apostle Paul says, "[God] *did not spare His own son, but gave him up for us all.*[181]" *He bore the chastisement that made us whole, and by his bruises we were healed*, because he is *the Lamb...who takes away the sin of the world,*[182] who, being the *mediator between God and men,*[183] *reconciled* [us to God] *through* [his] *death*[184] because his death was a *fragrant offering and sacrifice to God*[185] for the original sin.

[144] *We all went astray like sheep,*[186] not recognizing *the arm* of the Lord, which the Lord set out *in the sight of all the nations,*[187] and by not considering him to be God in man. *We all went astray* since [each one of us] strayed from him who is *the way and the truth and the life.*[188]

Gilbert implies that the arm of the Lord is Jesus.

[145] *The Lord visited upon him the guilt of all of us* as he took on death for the iniquity and sin of the whole world. For he became *a curse for us,*[189] as the Apostle says, i.e. he came under the sway of death which that curse, imposed by God upon the first man, had introduced—"*as soon as you eat of it, you shall die.*[190]" He endured death for us and, through his

---

[180] Is. 53:5
[181] Romans 8:32
[182] John 1:29
[183] 1 Timothy 2:5
[184] Romans 5:10
[185] Ephesians 5:2
[186] Is. 53:6
[187] Is. 52:10
[188] John 14:6
[189] Galatians 3:13
[190] Gn. 2:17

death, neutralized that [original] curse and death. And since he did all this of his own [free] will, not under duress, for that reason [the Prophet] adds, "*He was maltreated, yet he was submissive, he did not open his mouth.*[191]" This, obviously, describes a man. What follows transcends [the realm of] man and belongs to God alone.

One of the core tenets of orthodox Christian theology is the role of the crucified Jesus as a vicarious sin offering on behalf of mankind. In §§142-145, Gilbert weaves a fabric of single-sentence citations from the Hebrew Bible and the New Testament in order to demonstrate that this function of Jesus is based on scriptural sources.

[146] From *oppressive judgment he was taken away, who could describe his abode?*[192] "From *oppressive judgment he was taken away,*" I say, and, [on this point,] he himself states in the Gospel: "*The prince of this world is coming. He has no hold on me.*[193]" But where [does] this freedom in him [come from], that *the prince of this world* finds nothing of his in him, that from *oppressive judgment he was taken away*, that even though he had died, Death himself could not hold on to him? For he came up again from the dead as the Psalm says: "*My body rests secure. For You will not abandon me to Sheol, or let Your faithful one see the Pit.*[194]"

From *oppressive judgment*—this, presumably, is a reference to the rule of the *prince of this world*, i.e.

[191] Is. 53:7
[192] Is. 53:8
[193] John 14:30
[194] Ps. 16:9-10

the devil. Again, Gilbert seems to bend a prophetic passage (from the Servant's Song) to fit with a proof-text from the New Testament.

[147] [Once more:] Where did so much strength [come from] in a man? [The answer is:] "*Because he was more than man. God was reconciling the world to himself in Christ,*[195]" says the Apostle Paul: His (Jesus') abode is indescribable. Who can explain how God begets a son, of the same substance as Himself, before time and forever? Who can explain how, at a predetermined time, a man is created from a woman, without a man's semen, and how God Himself will assume him into the unity of His person? No one can explain either the former or the latter [process of] the origin of Christ.

In §147, Gilbert concludes that, when all is said and done, orthodox Christology is a mysteriosum: It defies human comprehension.

[148] *Through the sin*—not his own, but: *of my people, he was cut off.*[196] For what sin did he commit, he who *committed no sin, and no deceit was found in his mouth*?[197] If it's true what the saintly Job attests: "*There is no man who does not sin,*[198] *no child whose life is more than one day on earth,*[199]" if it's true what the saintly David attests: "*All men are false,*[200]" and elsewhere: "*Before You no creature is in the right,*[201]" then he who *committed no sin* is more than [mere] man. The excellence

[195] 2 Corinthians 5:19
[196] Is. 53:8
[197] 1 Peter 2:22; Is. 53:9
[198] 1 Ki. 8:46
[199] Job 14:5 (LXX)
[200] Ps. 116:11
[201] Ps. 143:2

of him who *is never at fault in what he says*[202] and in whose mouth *no deceit was found* is above [the level of] man.

> The citation from Job 14:5 is based on the Septuagint where it says: -εάν καί μία ημέρα ο βίος αυτου επί της γης. The Hebrew is translated (JPS 1985) as, "*His days are determined; you know the number of his months*."

[149] About the same secret it says in the Psalm: "*You are fairer than all men; your speech is endowed with grace; rightly has God given you an eternal blessing.*[203]" and subsequently, in addressing him [directly], [the Psalmist] added, "*Your divine throne is everlasting; your royal scepter is a scepter of equity.*[204]" Go through the Psalm and see how the Psalm is continued, thus directed at one and the same person throughout. Such is God to whom it is spoken: "*Your divine throne is everlasting; your royal scepter is a scepter of equity.*"

[150] To whom [would it] say: "*Your divine throne is everlasting,*" if not him to whom it had said earlier: "*You are fairer than all men; your speech is endowed with grace*"? Him, whom [the Psalmist] calls *fairer than all men*, he does not separate from man's nature and he states that he is man. The same one, then, whom [the Psalmist] calls *fairer than all men*, he obviously designates "God" in the subsequent verse when he says, "*Your divine throne is everlasting.*"

[151] Based on these and other examples of Scripture, we believe and assert that one has to believe that Christ is God and man, while both natures remain entirely discrete in him. We

---

[202] James 3:2
[203] Ps. 45:3
[204] Ps. 45:7

say that he has already come because we see that the signs, which the Prophets had predicted [as portents] of his arrival, have already appeared. Let me quote one of many: In blessing his son Judah, Jacob said, "*The scepter shall not depart from Judah, nor the ruler's staff from between his feet; so that tribute shall come to him and the homage of peoples be his.*" Now, for thousands of years, *the scepter* [has departed] *from Judah,* [and] *the ruler's staff from between his feet* [as well], and the very name "Jews" has almost vanished: For that reason we say that the Messiah has already come *and the homage of peoples* [is] *his.*

[152] In the Psalm, too, it is said: "*May their eyes grow dim so that they cannot see; may their backs be bent forever.*[205]" It's because your backs have been bent by other nations throughout the world, everywhere, and because *the scepter* [has departed] *from Judah,* [and] *the ruler's staff from between his feet* [as well], that we say that the Messiah has already come *and the homage of peoples* [is] *his*. Likewise, because it has [already] been fulfilled: "*Let all the ends of the earth pay heed and turn to the Lord, and the peoples of all nations prostrate themselves before You,*[206]" we say the Messiah has already come *and the homage of peoples* [is] *his*: *To him be honor and might forever!*[207] "*The one who trusts in him will never be put to shame,*[208]" as the Prophet Isaiah attests. But he who does not trust in him, listen [to what it says] about the gentiles: "*All who worship images, who vaunt their idols, are dismayed.*[209]" And listen [to what it says] about the Jews: "*May they be erased*

---

205 Ps. 69:24
206 Ps. 22:28
207 1 Timothy 6:16
208 1 Peter 2:6; Is. 28:16
209 Ps. 97:7

from the book of life, and not be inscribed with the righteous.[210]"

This last set of arguments strikes the Jewish listener as bold—an outright chutzpah as it were. The very fact that the Jewish people have been oppressed and diminished over the years is brought forth as an argument that the Messiah has already come! Gilbert states this in spite of the fact that all messianic passages in the Tanakh associate the messianic age with the redemption of the Jewish people. The intervening (Christian) axiom is, of course, the dogma that Christendom is "The New Israel."

---

[210] Ps. 69:29

CHAPTER 7

A discourse on the propriety of visual representation, graven images and iconography.

[153] **The Jew.** From your argument can also be deduced [the following]: The Christians, too, shall perish because the Christians *worship images*, [and] *vaunt their idols*. You sometimes picture God Himself [as a] miserable [person], hanging on a pillory, stuck with nails to the cross, which is horrid to look at in itself, and you worship it! And around the cross, you picture the sun, in the image of a boy, scared of who-knows-what and fleeing, and the moon, in the image of a girl, mourning and concealing half the sickle of its light.

[154] Sometimes, however, you picture God, seated on his high throne and blessing with His raised hand, as in great emphasis of His dignity, eagle and man, bull and lion. Christians carve these effigies, manufacture and paint them whenever they can and wherever they can, and they pray to them and venerate them. Yet the Law, given by God, prohibits that this happen in any manner. For thus it is written in Exodus: "*You shall not make for yourself a sculptured image, or any likeness of what is in the heavens above, or on the earth below, or in the waters under the earth. You shall not bow down to them or serve*

them.[211]" In this way, the Law outlaws any image and it puts on him who would make one frightful condemnation.

> "God...blessing with His raised hand...eagle and man, bull and lion:" This image, attested in medieval works of art, represents a description found in Revelation 4:7.
>
> The Jewish protagonist touches on a sensitive point. In the eighth century, some 300 years before the dialogue, a significant controversy had erupted between the Greek and the Latin Churches. The Eastern Church considered icons and other depictions of the Deity a violation of the biblical injunction against graven images. This issue became acute under the Byzantine Emperor Leo III (716-741). The popes, Gregory II and III, ended up issuing a condemnation of iconoclasm, and Gregory III excommunicated all iconoclasts and eventually the successor and son of Emperor Leo III, Constantine V (Copronymus, 741-775). These events were the beginning of the eventual Schism of Photius between Roman Catholicism and Eastern Orthodoxy (1472).

[155] **The Christian.** I say that if the Law condemns every sculpture and absolutely prohibits the representation of anything to be made, then Moses sinned as he created and carved representations of things, nay, the Lord sinned when he commanded them to be fashioned and carved. For in Exodus, the Lord commands as follows: "*Let them make Me a sanctuary that I may dwell among them. Exactly as I show*

---

[211] Ex. 20:4-5

you—the pattern of the Tabernacle and the pattern of all its furnishings—so shall you make it.[212]" And a little farther on: "*You shall make a frontlet of pure gold and engrave on it the seal inscription: 'Holy to the Lord.'*[213]" And here: "*Take two lazuli stones and engrave on them the names of the sons of Israel...seal engravings—the work of a lapidary.*[214]" Look: Images of things were made by the Lord and prescribed by Him to be made! Look: They made an engraving for the Lord in lazuli stones and in gold!

[156] In the Book of Kings, which reports on the Temple for the Lord as it is being built, one reads: "*All over the walls of the House, of both the inner area and the outer area, he carved reliefs of cherubim, palms and*[215] various pictures protruding from the wall and standing out...*he made the tank, ten cubits across...[and] it stood upon twelve oxen.*[216]" And a little farther on: "*In the Shrine he made two cherubim of olive wood, each ten cubits high.*[217]" And here: "*The priests brought the Ark of the Lord's Covenant to its place underneath the wings of the cherubim, in the Shrine of the House, in the holy of Holies.*[218]" See: He openly refers to pictures and sculptures, and not by way of disapproving, but approving that in the Lord's Temple were sculptures made [by man]. God Himself introduced [the notion] that he accepted approvingly all these things which were made: "*The priests were not able to remain and perform the service because of the cloud, for the Presence of the Lord filled the House of the Lord.*[219]"

---

[212] Ex. 25:8-9
[213] Ex. 28:36
[214] Ex. 28:9,11
[215] 1 Ki. 6:29
[216] 1 Ki. 7:23,25
[217] 1 Ki. 6:23
[218] 1 Ki. 8:6
[219] 1 Ki. 8:11

[157] The Prophet Isaiah said, "*In the year that King Uzziah died, I beheld my Lord seated on a high and lofty throne; and the skirts of His robe filled the Temple. Seraphs stood in attendance on Him. Each of them had six wings: with two he covered his face, with two he covered his legs, and with two he would fly.*[220]" About those four animal species, which you noted with unjustified derision, the Prophet Ezekiel said, "*Each of them had a human face* [at the front]*; each of the four had the face of a lion on the right; each of the four had a face of an ox on the left; and each of the four had a face of an eagle* [at the back].[221]" So, what Isaiah saw, said and wrote, what Ezekiel saw, said and wrote, may legitimately be said and written and represented by some sign of a picture after them. Like a text becomes, in a way, a symbolic representation of [the spoken] word, so, too, are images representations of written things.

[158] What else? Let's wind up our speech and come to the end of the question posed. God prohibited [man] from making sculptures, and yet, as we read, we were commanded by God to make sculptures. Therefore, the meaning of the law must be received appropriately, or rather, as the Lawgiver Himself declares, it must be understood. He says, "*You shall not make…a sculptured image*[222]" etc., and He shows the reason: "*You shall not bow down to them or serve them.*[223]" Thus, proscribed is the perfidious cult of idol worship, [but] sculptures were made by them and can be made by us.

Gilbert's argument here is that making visual representations is allowed—it's just not permitted to worship the "graven images." This is his

[220] Is. 6:1-2
[221] Ez. 1:10
[222] Ez. 20:4
[223] Ez. 20:5

interpretation of the commandment in Exodus 20:4-5: *You shall not make for yourself a sculptured image, or any likeness of what is in the heavens above, or on the earth below, or in the waters under the earth. You shall not bow down to them or serve them*. His base for this exegetical punctiliousness is, again, the discrepancy between the literal, strict message in the commandment, and divine commands elsewhere which request the production of sculptured images. The Jew's point about depictions of God Himself in Christian religious art goes unanswered.

[159] We produce pictures for God, we produce engravings for God, and we produce sculptures; but we do not bow down to them or serve them in worship. We declare that the very cross that we call the holy cross is, by all accounts, wood, not God, and we say that it has, in and of itself, no power. However, when it is blessed by the priestly benediction in memory of our Lord's passion, we exalt the cross, bow down to it and serve it, not as something divine but for the respect that is owed [Him] as it is said in the Psalm: "*Bow down to His footstool; He is holy!*[224]"

The citation from the Psalm is marked by a discrepancy between the Hebrew text and the Latin. The Vulgate has, "it is holy," which would refer to the footstool, whereas the Masoretic version is kadosh hu: The Hebrew word for footstool is also masculine, but "kadosh hu" is a rather formulaic reference to God, supporting the

[224] Ps. 99:5

JPS translation given here. The Septuagint is ambiguous as the Greek word for footstool is masculine as is κύριος (Lord).

[160] We have spoken of the respect owed to a visual representation because we say, on the one hand, "The Christian serves God," and, on the other hand, "The farmer tills the field." Thus, we say, on the one hand, "Man bows down to God," and, on the other hand, "Man bows down to a person of great quality and a sign of great quality." For in the Book of Kings, we read that "*Bathsheba bowed down in homage to the king* [David],[225]" and we read in many places in Scripture that a man bows down to [another] man, even though in the Law it is written, "*Worship the Lord your God!*[226]"

[161] When a Christian bows down to the cross, he worships, in his religious service, the passion of Christ on the cross, because of the passion of a man assumed by God into the unity of His person, and he bows down to the image of the cross out of the respect owed to it, [he bows down to] the redeeming likeness of the very passion of the Lord. Let me summarize briefly in a few words: In his worship service the Christian does not, in any manner, bow down to the image of something, he serves and honors the sacred images and pictures of holy things.

The notion that pagan worship actually implied the belief that the sculptures or images of deities were Gods has long been discarded. These representations only symbolize the divine. The pagan worshiper who prays in front of a sculpture

[225] 1 Ki. 1:16
[226] Matthew 4:10; Dt. 6:13; Dt. 10:20

of a God really addresses the divine power represented by the sculpture. In that sense, the Christian's veneration of, say, the cross is not really all that different.

[162] So read Scripture, i.e. the Law and the Prophets, and you'll find that all I've said is written in the Law and the Prophets, either verbatim or having very much the same sense. Think, I'd say, and figure out what you expect, when you expect it and by what sign you will recognize when what you expect actually comes to pass. For he who was promised to be sent has already arrived, sent [to us] as the signs which were predicted attest, Jesus Christ, "*homage of peoples* [be his][227] *to whom be honor and might forever. Amen.*[228]"

This ends the Dialogue proper. The following continuation continues the discussion, but is thought to have major parts written by authors other than Gilbert. It is much less likely to represent an actual dialogue that occurred between two protagonists.

[227] Gn. 49:10
[228] 1 Timothy 6:16

CHAPTER 8

Adherence to the Law or faith in the Divinity?

Continuation of the DISPVTATIO IVDEI ET CHRISTIANI

[1] As we had arranged, we met again on the next day and, sitting together, began to talk.

[2] **The Jew**. You asked me to think, and think again, about the scriptural witnesses that are written down in the Law and the Prophets and in the Gospel of Jesus Christ. I have thought, and thought again, and the more I think it through, the more confused do I become and the more perplexed. For if God, who gave the Law to Moses, [also] gave [us] the Gospel of Jesus Christ, then it follows that you obey the Law and the Gospel of Jesus Christ under the same authority. However, if God, who gave the Gospel of Jesus Christ, did not give the Law of Moses, then that God [means] nothing to us. To our nation is said, "*Hear, O Israel, the Lord our God, the Lord is one.*[229]"

[229] Mark 12:29; Dt. 6:4

[3] You claim that the Law of Moses does not repudiate the Gospel of Christ and that the Gospel of Christ does not abrogate the Law of Moses. Thus, the Law should be observed because God commands that it be observed, and the Gospel should be observed because God commands—as you claim—that it be observed. About that Christ of yours: Let's think about what we say [about him], and let's loosen the constraints of our [respective] preconceptions. Christ observed all ceremonial laws, and, by adding his Gospel, he fulfilled the Law. Let's shake hands! Let's not abrogate the Law, [but], by adding the spiritual justifications of the sacred Gospel, let's fulfill the Law!

[4] You admonish that, in order to receive eternal life, we must undergo baptism, because Christ says, "*Whoever believes and is baptized will be saved.*[230]" In order to obtain the same eternal life, you should accept circumcision because the same Christ says, "*I have* [not] *come to abolish the Law.*[231]" Your Apostle Paul is quite at odds with your Christ; because Christ was circumcised, yet Paul preaches, as you say, "*If you let yourselves be circumcised, Christ will be of no value to you at all.*[232]" Morons can hand this [kind of] testimony to [other] morons, but God forbid that any smart person passed out this [kind of] testimony or accepted it. Let me quickly dismiss these inanities [by quoting the Gospel]: "*A student is not above his teacher, nor a servant above his master.*[233]"

The Jewish protagonist is aware that the dismissal of the Law was a Pauline innovation that came with the Apostle's mission to the Gentiles. He

[230] Mark 16:16
[231] Matthew 5:17
[232] Galatians 5:2
[233] Matthew 10:24

goes back to the starting point of the disputation where the argument centered on the respective importance of the Torah for Jews and Christians. He adds a clever twist by implying that the Apostle Paul—the student as it were—should not supersede the master (i.e. Jesus) as quoted in the Gospel, using as supportive evidence a proof-text from the Gospel itself.

[5] **The Christian**. "*The rain came down, the streams rose.*[234]" Faith in Christ does not collapse because its foundations [rest] on sacred mountains. So let's come to the series of your arguments and answer them one by one. You say: If God, who gave the Law to Moses, [also] gave [us] the Gospel of Jesus Christ, then we must obey the Law and the gospel of Christ under the same [scriptural] authority. We concur, I say, and consider it entirely plausible that we need to obey the Law and the Gospel of Christ under the same [scriptural] authority. For Christ says, "*I have* [not] *come to abolish the Law*;" and Paul, truly our Apostle, servant and disciple of Jesus Christ, says in the epistle he writes to the Romans: "*Do we, then, nullify the Law by this faith? Not at all! Rather, we uphold the law.*[235]"

The response starts with a kind of credo as Gilbert invokes the following passage from the Gospel of Matthew: *The rain came down, the streams rose, and the winds blew and beat against that house; yet it did not fall, because it had its foundation on the rock.* He asserts that, regardless of any argumentation, any power of logic, his faith will not collapse. Axiomatically, Christianity's articles of faith are

[234] Matthew 7:25
[235] Romans 3:31

true for Gilbert—if man finds himself confronted with puzzles he cannot solve, it is due to man's limitations, not to any shortcomings in the religious tenets.

Gilbert's next priority is to answer to the proposed split between the messages of Jesus as reported in the Gospels and the message in Paul's epistles. He asserts, again, that the Law is valid, and negates any dissonance by selecting a citation from Paul that is in agreement with the Gospel's message.

[6] So, the Law comes into being through faith because it is out of faith that righteousness emerges. Listen to Scripture: "[Abraham] *put his trust in the Lord,* [and] *He reckoned it to his merit.*[236]" In other words, righteousness comes out of faith, not from the Law or from circumcision. Listen [what the New Testament says] about circumcision: "*He received the sign of circumcision, a seal of the righteousness that he had by faith.*[237]" Therefore, in order to anchor the righteousness of faith in your mind, God established [the law] that circumcision be performed in your flesh, which was regarded as a seal of faith; yet even though the seal of faith was put in your flesh, your entire nation was [caught] in faithlessness. For that reason, the Lord says to Ezekiel, "*But the House of Israel will refuse to listen to you; for they refuse to listen to Me; for the whole House of Israel are*[238] without faith and obstreperous."

In arguing the primacy of faith as opposed to "works"—"works" being shorthand for observing

[236] Gn. 15:6
[237] Romans 4:11
[238] Ez. 3:7

the Law—Christians often point to Abraham. When Abraham lived, they say, the Torah had not yet been given to Israel (in fact, Israel had not arrived yet). But God favored Abraham. And He favored him because Abraham had faith. Thus, faith came first. The next step in reasoning is that circumcision (and all the later commandments) only was needed to keep a weak-willed people adhering to faith by means of concrete and visible outward signs. With the arrival of the Messiah, however, and the birth of the universal Church, this is no longer necessary and, indeed, counterproductive as such signs only detract from the critical importance of faith. What remains unanswered is the fact that, in fact, some of the prescriptions of the Law are considered binding on Christians, for instance the prohibition of homicide or adultery, but others are declared obsolete or only of allegorical import.

To Jews, of course, observance of the commandments of the Torah is the very expression of their trust in God and a sign of their commitment to the values of the faith.

The Christian reads Ezekiel's passage describing the House of Israel as referring to a lack in faith and emends, at the end, "without faith and obstreperous" (literally per the JPS: "*brazen of forehead and stubborn of heart*"). In Jewish understanding, the prophet talks about people's failure to act in accordance with the Law.

[7] Listen to [what is said] about your nation in Psalm 77: "*A generation whose heart was inconstant, whose spirit was not true to God.*[239]" Therefore, because their *spirit was not true to God*, [for that reason] God abolished the external signs of faith. Hence the Apostle Paul [writes] in his Epistle to the Galatians, "*Neither circumcision nor uncircumcision has any value,*[240]" but [only the fact that someone is] created anew. He calls faith a new creation because through faith we are newly created as he says elsewhere in the same letter: "*Neither circumcision nor uncircumcision has any value. The only thing that counts is faith expressing itself through love.*"

> The Tanakh is full of critical passages about Israel's failure to live up to the Covenant. Gilbert here picks one from a Psalm that refers to the spirit of the people. The disappointment of God or His prophet is based on behaviors that fall short of the stipulations of the Law, be it idolatry, immoral actions or selfish disregard of the needs of others. To construe from the mention of "spirit" in a verse of the Psalm that inadequate faith was the issue constitutes a stretch. It does serve, however, Gilbert's purpose: He is able to tie the quotation from Paul's Epistle to the Galatians into his argument. This is the letter the Jew had previously referred to in making the case that there was a difference in attitude toward the Law between the Apostle and the Gospels.

[8] Hear the Lord lament in the Psalm: "*I censure you not for your sacrifices…I claim no bull from your estate, no he-goats*

[239] Ps. 78:8
[240] Galatians 5:6

from your pens.[241]" But what [does God accept]? "Sacrifice a thank offering to God*; and pay your vows to the most High.*[242]" The thank offering occurs when the sinner recognizes his sin and asks God for mercy. Listen to the Psalmist: "*Have mercy upon me, O God, as befits Your faithfulness…for I recognize my transgressions, and am ever conscious of my sin.*[243]" Hear the Lord speak through Isaiah: "[Your] *incense is offensive to Me*, your burnt offerings and your peace offerings *fill me with loathing.*[244]"

[9] What comes next? "*Wash yourselves clean; put your evil doings away from My sight. Cease to do evil; learn to do good.*[245]" This righteousness of faith [King] David praises in his Psalm when he says, "*His every deed* [is] *faithful.*[246]" And he praises God's grace when in [yet] another Psalm, he says, "*The Lord rewarded me according to my merit.*[247]" In the Gospel, one reads about this righteousness of faith: The disciples said to Jesus, "*Lord, teach us to pray,*[248]" and he taught them to pray as follows: "[Lord], *increase our faith.*[249]"

[10] For the righteous lives out of faith, as Scripture says, "*The righteous will live by faith.*[250]" It is this righteousness of faith that the Apostle praises when he says, "*If you let yourselves be circumcised, Christ will be of no value to you at all.*[251]" He states that, if salvation and justification come out of

---

[241] Ps. 50:8-9
[242] Ps. 50:14
[243] Ps. 51:3,5
[244] Is. 1:13-14
[245] Is. 1:16-17
[246] Ps. 33:4
[247] Ps. 18:21
[248] Luke 11:1
[249] Luke 17:5
[250] Romans 1:17
[251] Galatians 5:2

circumcision, then neither does faith justify us nor does Christ's passion reconcile us to God. However, because faith does justify (for [Abraham] *put his trust in the Lord; and He reckoned it to his merit*[252]) and Christ's passion does reconcile us to God, therefore circumcision is no longer necessary. [Now,] God did prescribe for Abraham and his offspring that all who were of his seed be circumcised.

The sequence of proof-texts in §§8-10 begins with a repudiation of the sacrificial cult as a meaningful way of gaining God's favor, and then emphasizes the value of confession, repentance and thanksgiving. It is in §9 that Gilbert introduces faith (fides) as the essential element in the sinner's response—although the Psalm assigns "faithfulness" to God, not the supplicant. In fact, the last citation from Psalms (Ps 18:2) refers to "merit" as the criterion by which God judges, a measure of performance rather than attitude. Faith as a value in its own right is only mentioned in the quotations from the New Testament. Gilbert implies that the proof-texts from the Gospel of Luke and Paul's Epistles make explicit what the Psalmist and Isaiah foreshadowed. But for a non-Christian analyst, the connection between the two sets of source texts is elusive. Such a reader remains puzzled then how the quoted verses from the Hebrew Bible can be used to support a rejection of circumcision.

[252] Gn. 15:6

[11] But before Abraham there was Noah of whom Scripture says, "*Noah was a righteous man; he was blameless in his age; Noah walked with God,*[253]" because, as it is said in another Psalm: "[His] *spirit was...true to God.*[254]" Likewise, *Enoch walked with God,*[255] and the Lord took him [in]. Indeed, once [it was that] *God has made Himself known in Judah, His name is great in Israel.*[256] Now, however, God is being worshiped and venerated. Listen to the Psalmist in Psalm 21: "*Let all the ends of the world pay heed and turn to the Lord, and the peoples of all nations prostrate themselves before You.*[257]" And in another Psalm [it says], "*Let ... all nations serve Him.*[258]" But about your nation it is said, "*May their eyes grow dim so that they cannot see; may their loins collapse continually.*[259]"

The argument had been made in §10 (and is made by Christian missionaries to the Jews today) that Abraham found favor with God based solely on his faith in God: After all, the revelation of the Law was an event still centuries away in the future. But Noah serves Gilbert's purpose even better because he never submitted to circumcision (nor did he observe any other of the mitzvoth, for that matter). Noah indeed was a righteous man and the Noahide set of rules lays down a framework of ethics applicable to Gentiles. No Jew would dispute that a non-Jew can be righteous. No Jew would dispute that a Jew can be evil. But the need

[253] Gn. 6:9
[254] Ps. 78:8
[255] Gn. 5:24
[256] Ps. 76:1
[257] Ps. 22:28
[258] Ps. 72:11
[259] Ps. 69:24

to derive from these acknowledgments a dogma that only through faith—at the expense of adherence to the entire Law—man can reconcile with God, is based on Christian doctrine: If "the Jewish way" could please God, then Jesus would not play the essential role that justifies the claims of the Christian religion.

In Psalm 78:8, it actually says, "[His] *spirit was not true to God*."

CHAPTER 9

Does the Psalmist predict Jesus as the Messiah?

[12] **The Jew**. Indeed, we are afflicted, worn down by many, if not all, evils, but, anticipating the mercy God has promised us, we do not waver in our faith. We trust the Psalmist who says, "*He will not contend forever, or nurse His anger for all time.*[260]" Listen to [the prediction made] by the Prophet Hosea: "*I will take you from among the nations and gather you from all the countries, and I will bring you back to your own land. Then you shall dwell in the land which I gave to your fathers, and you shall be my people, and I will be your God.*[261]" And through [the voice of] Jeremiah [you hear]: "*In his days Judah shall be delivered and Israel shall dwell secure.*[262]" [And Isaiah:] "*Nation shall not take up sword against nation; they shall never again know war.*[263]"

The Jewish response is a collection of messianic predictions by Prophets and in Psalms. None of the prophecies has yet come to pass, but they are

[260] Ps. 103:9
[261] Ez. 36:24,28
[262] Jer. 23:6
[263] Is. 2:4

delivered here as indications of God's unbroken trust in Israel—despite the undisputed condemnations previously cited by Gilbert in §§6-8. The prophetic first proof-text in §12 is actually from Ezekiel, not Hosea.

[13] **The Christian**. The verbs are in the future tense: "*will be saved*," "*will dwell*," and others you quoted; but actually, these future events are indeed in the past. Listen to the very same [King] David: "*Sing to the Lord a new song*![264]" Perhaps just Judah? Or only Israel? No, he says, "*All the earth*!" And he adds the reason: "*His right hand, His holy arm, has won Him victory. The Lord has manifested His victory, has displayed His triumph in the sight of the nations.*[265]" And in another Psalm [it says], "*Tremble in His presence, all the earth! Declare among the nations, 'The Lord is king!'*"[266]—from the *tree*[267] as is written in the Hebrew [text].

The full text of Ps. 96:10-13 is as follows: *Tremble in His presence, all the earth! Declare among the nations, 'The Lord is king!' The world stands firm; it cannot be shaken; He judges the peoples with equity. Let the heavens rejoice and the earth exult, let the sea and all within it thunder, the fields and everything in them exult; then shall all the trees of the forest shout for joy at the presence of the Lord, for He is coming, for He is coming to rule the earth; He will rule the earth justly, and its peoples in faithfulness.* The Psalm refers to the

---

[264] Ps. 96:1
[265] Ps. 98:1-2
[266] Ps. 96:9-10
[267] Ps. 96:12

messianic age, but the deduction that it implies a ruler who had been hung on a tree seems a stretch.

[14] **The Jew.** In Hebrew it says, *"The Lord is king!"*—but what you add, [i.e.] "from the *tree*," is actually not found in the Hebrew. In the same way you distort to your liking in many other places the Holy Scriptures, in bold temerity, by adding or leaving out [parts].

[15] **The Christian.** It's utterly distasteful for you to hear, *"The Lord is king"*—from the *tree*. But whether you want to hear it or not: *The Lord is* [indeed] *king*, [ruling] from the *tree* because *as in Adam all die, so in Christ all will be made alive*,[268] and just as we were made slaves through a tree, so we are also liberated through a tree because *just as Moses lifted up the snake in the desert, so the Son of Man must be lifted up, that everyone who believes in him may have eternal life*.[269]

Gilbert posits the tree as the common element connecting Adam's original sin (eating from the tree of knowledge) and the salvation through Jesus' crucifixion. This thought is borrowed from Anselm's Cur Homo Deus I.3.

[268] 1 Corinthians 15:22
[269] John 3:14-15

CHAPTER 10

Allegorical exegesis—is it necessary to make sense of the Bible, or is it a way to read any meaning we want into Scriptures?

[16] **The Jew.** Whenever you want to, you posit allegories and figures of speech and, whenever the literal meaning is in conflict with your understanding, you claim that the literal meaning is veiled in allegories and figures of speech and you explain [the meaning] by interpreting as you like it: By this method, I say, you can accommodate Scriptures to whatever you wish. You don't subordinate your understanding to Scripture, but you make Scripture fit your understanding.

The Jewish protagonist puts his finger on the core problem that prevents a meeting of the minds in exegetical discussions between Christians and Jews: The New Testament leaves no doubt that the central truth of the Christian faith is the redemption wrought by Jesus as God Incarnate and Messiah. All interpretation of the Hebrew Bible is subject to this dogma. Passages are made to fit the notion that they predict Jesus' arrival, passion, resurrection etc., or they are not of interest to the Christian. This is one reason why the Books of the Prophet Isaiah and of Psalms are such popular sources of proof-texts while much of the Torah, for instance, is largely omitted.

[17] **The Christian.** We don't say that there are allegories and figures of speech placed everywhere [in Scripture] and we concur that [such a thing] must not be claimed. However, we do say that a great many sayings in the Law and the Prophets were allegorical, and you, too, will say so with us if you hold in your hands [the text containing] the words and acts of the Prophets. It's not easily possible to understand literally what the Psalmist says about God: "*Smoke went up from His nostrils, from His mouth came devouring fire; live coals blazed forth from Him. He bent the sky and came down, thick cloud beneath His feet. He mounted a cherub and flew.*[270]" How can he say, "*came down*" and "*went up*"—when He is everywhere in His entirety? Thus, this expression was figurative.

Anthropomorphism in the Bible has posed challenges to interpreters throughout the centuries. The Rambam (Maimonides) comments on this problem extensively in *The Guide for the Perplexed* (Chapter 46): "All these various attributes convey but one notion, namely, that of the essence of God...Physical organs...ascribed to the Most Perfect Being...are mere indications of the actions generally performed by means of these organs." The summary explanation is that the Bible was written for humans and therefore had to

[270] Ps. 18:9-11

be written in terms accessible to human understanding: "The language of the Torah is like the language of man." As for anthropomorphisms and other perplexing observations in the prophetic books (cf. below §18), Maimonides cites the Sages as having "plainly stated that all those images which the Prophets perceived, i.e. in prophetic visions, are images created by God."

[18] And surely, it's not easily possible to understand literally what God says to Ezekiel: "*See, I allow you cow's dung instead of human excrement; prepare your bread on that.*[271]" This also was a figurative expression. It was a great mystery why the saintly Moses, when he spoke to the people, put a veil over his face and why there were horns on Moses' face; when he went in[to the Tent of Meeting] to speak to the Lord, he took the veil from his face and in God's presence, Moses' face had no horns.

The insinuation that Moses had horns is a result of a mistranslation of Hebrew. It is based upon a wrong interpretation of Ex. 34:29 and 35, in which קרן(qaran) means "to shine"—not "horns" (cf. an analogous usage in Hab. 3:4). Moses covered his face with a veil when he spoke to the Israelites because whenever he came out of a direct encounter with God the skin of Moses' face was so radiant (Ex. 34:35).

[19] I could cite you numerous additional similar [examples of] expressions and acts in the Law and the Prophets that are allegorical, but we'd be wasting our time because *when Moses*

[271] Ez. 4:15

[and the Prophets] *are read, a veil covers* [your] *hearts.*[272] When the Lord was placed on the cross, *the curtain of the Temple was torn*[273] so that this veil can be removed from your face: Because [at that point,] the mystery which was hidden in the Law and the Prophets was revealed and fulfilled.

[20] Those words had been closed off [to our understanding], the book had been shut, as it is said in the Prophet Daniel. For so it says in that Prophet: "*Keep the words secret, and seal the book until the time of the end.*" And he adds, "*Many will range far and wide and knowledge will increase.*[274]" Knowledge was certainly greater in the Apostles than in the Prophets. In the Gospel, the Lord says, "*Many Prophets and kings wanted to see what you see but did not see it, and to hear what you hear but did not hear it.*[275]" *The time of the end*, we say, is the time about which the Apostle says, "*But when the time had fully come, God sent His Son, born of a woman*"[276] because "*the word became flesh and made his dwelling among us.*[277]"

[21] *Born under law,*[278] because he came not to abolish the Law but to fulfill it. When he appeared to his disciples after his resurrection, he *opened their minds so they could understand the Scriptures.*[279] We say that the Messiah has already come because we see that the signs of his arrival, as previously promised, are already in place. *Let all the ends of the earth pay heed and turn to the Lord*[280] because *the very ends of the earth*

---

[272] 2 Corinthians 3:15
[273] Mark 15:38
[274] Dan. 12:4
[275] Luke 10:24
[276] Galatians 4:4
[277] John 1:14
[278] Galatians 4:4
[279] Luke 24:45
[280] Ps. 22:28

shall see the victory of our [God].[281] Because the anointment [of kings] ended [and] because the Prince *departed from Judah and the ruler's staff from between his feet*,[282] for that reason we state that the Messiah has already come: It was promised that he would come as founder of the New Covenant and to confirm the Old Covenant.

[281] Is. 52:10; Ps. 98:3
[282] Gn. 49:10

CHAPTER 11

One or two covenants?
And again: What is the role of circumcision?

[22] **The Jew.** You had [used] rational [arguments in saying] what needed to be said, you'd replied sensibly to my questions, but the final [section of your answer] confuses and messes up everything: You surely do injury to God! This way, we take away the uniqueness of God: He alone is always the same and unchangeable [whereas] you claim that there are various alternations and changes with God. God is omnipotent and invisible. You make Him powerless and visible because you stipulate that He was *born of a woman*, [and] *born under law.* You say that He keeps changing His laws, you argue that His Covenant is becoming obsolete and, having become obsolete, is being renewed. It is a sin and sacrilegious to speak of God [this way].

[23] **The Christian.** I have hurt your feelings because I mentioned the New Covenant and because I said that Christ is a mediator between God and men. But all we're saying here [comes] from you[r] tradition. Scripture says, "*The old has gone, the new has come!*[283]" and buttresses this [statement] in

[283] 2 Corinthians 5:17

detail. Listen to Isaiah: "*'For behold!'* says the Lord, *'I am creating a new heaven and a new earth; the former things shall not be remembered, they shall never come to mind.'*[284]" Listen to the Psalmist: "*Take away their breath, they perish and turn again into dust; send back Your breath, they are created, and You renew the face of the earth.*[285]" Another Prophet puts it this way: "*'I will remove the heart of stone from your body,'* says the Lord, *'and give you a heart of flesh; and I will put My spirit into you. Thus I will cause you to follow My laws and faithfully to observe My rules.'*[286]"

[24] Hear the Psalmist: "*I declared your faithful deliverance,*[287]" for *truth springs up from the earth,*[288] as it says in another Psalm. If you don't accept what the Gospel says—"*The word became flesh and made his dwelling among us*[289]"—you will accept what the Prophet Isaiah says: "*A child has been born to us, a son has been given us, and he* [shall be] *named Wonderful Counselor, Mighty God, Everlasting Father, Prince of Peace.*[290]" "*Everlasting*" refers to what was then in the future but now has happened: The change from the old age of the old and earthly Adam to the new age of the new and celestial Adam, as, according to the Apostle Paul, *just as we have borne the likeness of the earthly man, so shall we bear the likeness of the man from heaven.*[291]

The Hebrew original of Isaiah 9:5 (or 9:6 in Christian Bibles)—ויקרא (vayikra)—uses the

---

[284] Is. 65:17
[285] Ps. 104:29-30
[286] Ez. 36:26-27
[287] Ps. 40:11
[288] Ps. 85:12
[289] John 1:14
[290] Is. 9:6
[291] 1 Corinthians 15:49

imperfect-with-vav-consecutive, suggesting a past, completed action (cf. §88 above). The completed aspect of the action should be translated in the sense that the child has been named etc., as, in fact, it is given in the JPS edition. This grammatical observation would seem to be a factor mitigating against Isaiah's words as referring to a future event. Rather, it is thought that the passage refers to the revered King Hezekiah who ruled Judah in the 7th century BCE. The Septuagint, incidentally, renders "vayikra" as a present tense καλειται (his name is [being] called). The full Greek citation is quite different from the Hebrew: *...and his name is called wonderful, counselor, messenger. For I will bring peace.*

[25] To this, **the Jew** retorted: You Christians say that we Jews are insane, but, with all due respect, I'll say: You Christians are completely out of your mind. For you believe in God the way Abraham believed in God, and it is credited to you as righteousness as it was credited to him as righteousness. Why then do you turn red [at the thought of] receiving in your flesh the *seal of the righteousness that he had by faith* while [Abraham], as you say, *received the sign of circumcision, a seal of the righteousness that he had by faith*?[292] It's the height of insanity [for you to] turn red [at the thought of] carrying the sign of the faith that you observe and that, you say, must be observed.

[26] **The Christian.** We don't turn red [at the thought of] carrying the *seal of the righteousness that he had by faith*,

[292] Romans 4:11

because no Christian blushes [at the thought of] receiving baptism. For baptism achieves for us the same that circumcision aimed at for you. Like it was said in the Law: "*A male who is uncircumcised...that person shall be cut off from his kin,*" so it is now ordained in the Gospel: "*No one can enter the kingdom of God unless he is born of water and the* [Holy] *Spirit.*" Because *God* [had] *made Himself known in Judah* only, your people alone received this command: "*Every male* [who is of the seed of Abraham] *shall be circumcised.*"

[27] Because now, indeed, all the ends of the earth beheld the victory of our God, and the entire world follows after Christ, baptism in lieu of circumcision is preached to all nations. "*Go into all the world and preach the good news to all creation. Whoever believes and is baptized will be saved.*[293]" For this reason, circumcision should not be necessary for salvation, because if, for some reason, we thought we had to be circumcised, then, for the same reason, we'd think we didn't need to be baptized and righteousness would be accounted to us not based on faith but based on circumcision, which goes against the claim to truth and the authority of Scripture.

[293] Mark 16:15-16

Scriptural References (Proof-Texts) Within the Dialogue

Hebrew Bible (Tanakh)

Torah

Genesis 1:2
Genesis 1:26
Genesis 1:28
Genesis 1:28-30
Genesis 1:29
Genesis 1:31
Genesis 2:16
Genesis 2:17
Genesis 3:6
Genesis 3:19
Genesis 3:24
Genesis 5:24
Genesis 6:9
Genesis 15:6
Genesis 22:18
Genesis 26:4
Genesis 28:17
Genesis 28:18
Genesis 37:35

Prophets

Joshua 5:16

1 Kings 1:16
1 Kings 6:23
1 Kings 6:29
1 Kings 7:23,25
1 Kings 8:6
1 Kings 8:11
1 Kings 8:46

Isaiah 1:3
Isaiah 1:13-14
Isaiah 1:16-17
Isaiah 2:2
Isaiah 2:3
Isaiah 2:2-3
Isaiah 2:4
Isaiah 6:1-2
Isaiah 7:14
Isaiah 7:14-15
Isaiah 7:15
Isaiah 8:3
Isaiah 9:1
Isaiah 9:5
Isaiah 9:6
Isaiah 9:5-6
Isaiah 10:22-23
Isaiah 11:1
Isaiah 11:6
Isaiah 28:16
Isaiah 38:10
Isaiah 38:17

Isaiah 40:13
Isaiah 41:8
Isaiah 45:8
Isaiah 52:10
Isaiah 52:13-53:1
Isaiah 53:7
Isaiah 53:8
Isaiah 66:1
Isaiah 52:4, 6
Isaiah 52:10
Isaiah 53:1
Isaiah 53:8
Isaiah 53:2-8
Isaiah 53:9
Isaiah 53:10
Isaiah 53:2
Isaiah 53:5
Is 53:6
Isaiah 53:8
Isaiah 53:9
Isaiah 65:17

Jeremiah 23:6
Jeremiah 23:24
Jeremiah 36:4

Ezekiel 1:10
Ezekiel 3:7
Ezekiel 4:15
Ezekiel 36:24,28
Ezekiel 36:26-27
Ezekiel 44:2-3

Hosea 13:14
Amos 4:12

Apocrypha

New Testament

Gospels

Mark 16:15-16
Mark 16:16

Luke 1:34-35
Luke 2:52
Luke 10:24
Luke 11:1
Luke 17:5
Luke 21:10-11
Luke 23:43
Luke 24:45
Luke 24:49

John 1:1,3,14
John 1:14
John 1:25
John 1:29
John 3:14-15
John 4:34
John 12:38
John 14:30

Acts of the Apostles

Acts 7:49
Acts 3:22

Epistles

Romans 1:17
Romans 1:20
Romans 3:30
Romans 3:31
Romans 4:11

Romans 5:10
Romans 7:12
Romans 8:32
Romans 9:18
Romans 9:28
Romans 12:19
Romans 12:20;

1 Corinthians 1:9-10
1 Corinthians 10:11
1 Corinthians 10:27
1 Corinthians 13:12
1 Corinthians 15:22
1 Corinthians 15:49

2 Corinthians 3:15
2 Corinthians 5:17
2 Corinthians 5:19

Galatians 3:10
Galatians 3:13
Galatians 4:4
Galatians 5:2
Galatians 5:6
Galatians 5:14

Ephesians 4:8
Ephesians 5:2

Philippians 4:6

1 Timothy 2:5
1 Timothy 6:16
1 Timothy 1:8

Hebrews 2:9

James 1:17
James 3:2

1 Peter 2:6
1 Peter 2:22

Revelation

Revelation 22:12

Printed in the United States
67316LVS00002B/165

9 781424 107407